문지스펙트럼

우리 시대의 지성

5-020

경제적 자유의 회복

복거일

문학과지성사

우리 시대의 지성 기획위원 김병익·정과리·최성실

문지스펙트럼 5-020

경제적 자유의 회복

제1판 제1쇄 2008년 3월 14일

지은이 복거일
펴낸이 채호기
펴낸곳 ㈜**문학과지성사**
등록 1993년 12월 16일 등록 제 10-918호
주소 서울 마포구 서교동 395-2(121-840)
전화 02)338-7224
팩스 02)323-4180(편집) 02)338-7221(영업)
전자우편 moonji@moonji.com
홈페이지 www.moonji.com

ISBN 978-89-320-1848-5
ISBN 978-89-320-0851-6(세트)

ⓒ 복거일

경제적 자유의 회복

신이 사람에게 자유를 준 조건은 영원한 경계다. 이 조건을 어기면,
예종은 그의 범죄의 결과이자 그의 죄악에 대한 벌이 된다.
———존 필포트 커런

차례

서론

1

'네거티브 캠페인'이 선거 운동을 이끌었던 2007년의 대통령 선거에서 한나라당의 이명박 후보가 압도적 승리를 거두었다. 이런 선거 결과에는 여느 때보다 훨씬 큰 뜻이 담겨 있다. 이번 선거에서는 이념적 차원이 무척 두드러졌기 때문이다. 그의 개인적 처신과 관련된 여러 추문들에도 불구하고, 이 후보에 대한 지지가 흔들리지 않은 까닭이 바로 거기 있다. 이번 선거는 본질적으로 '자유주의'와 '전체주의'의 대결이었다. 이명박 후보와 정동영 후보를 비교하는 개인적 차원도, 한나라당과 대통합민주신당을 비교하는 정당적 차원도 큰 뜻을 지니지 못했다. 설령 투표한 시민들 가운데 많은 이들이 그 점을 또렷이 인식하지 않았을지라도, 이번 선거가 이념적 대결이었다는 점은 바뀌지 않는다.

지난 10년 동안 김대중 정권과 노무현 정권은 우리 체제에 대안적인 실험을 했다. 일반적으로 좌파라 불리는 그 두 정권이 따른 이념은 '민족사회주의national socialism'였다. 민족사회주의는 민족주의와 사회주의가 결합해서 나온 전체주의 이념으로 '단체주의corporatism'를 프로그램으로 내세운다. 단체주의는 사회 전체를 산업 및 직업 단체들로 조직해서 그 단체들이 산하 시민들을 정치적으로 대표하고 그들의 행동을 상당히 엄격하게 통제하는 체계나 원칙을 가리킨다.

여기서 주목할 점은 모든 전체주의 이념들은 차츰 민족사회주의로 진화한다는 사실이다. 민족주의가 워낙 근본적이고 강한 힘이므로, 사회주의 이념들은 민족주의와 결합해서, 궁극적으로 민족사회주의라는 흑공blackhole으로 빨려 들어간다. 러시아의 공산주의가 차츰 국제주의나 계급 이론을 버리고 자국의 이익을 앞세우게 된 것도 이런 성향 때문이다. 그리고 한번 민족사회주의의 흑공으로 빨려 들어가면, 스스로 빠져나오기는 무척 어렵다.

물론 김대중 정권과 노무현 정권이 추종한 민족사회주의는 전체주의의 고전적 형태인 파시즘이나 나치즘처럼 극단적이거나 사악하지 않았다. 북한 정권을 따르고 우리 사회를 북한에 종속시키려 애써온 일부 세력을 제외하면, 두 정권의 추종자들은 어쩌면 자신들의 이념이 민족사회주의라는 사실도 또렷이 인식하지 못했을 수 있다.

찬찬히 살펴보면, 그러나 두 정권들이, 특히 노무현 정권이, 민족사회주의의 본질적 특질들을 두루 갖추었음이 드러난다.

2

일반적으로 민족사회주의 세력은 1)공격적 민족주의의 신봉, 2)단체주의의 추구, 3)사유재산제에 대한 부정적 태도와 재산권에 대한 점증하는 침해, 4)법 지배의 부정과 폭력의 일상적 사용, 5)다른 세력과의 공존 거부, 6)기성 사회에 대한 반감과 경멸, 7)지도자의 중심적 역할과 정책의 상대적 경시, 그리고 8)반(反)지성주의와 정치의 감각화를 본질적 특질들로 지닌다. 또한 집권 과정에서 9)대중 집회, 선동선전agitprop, 그리고 무대 연출stagecraft의 효과적 이용, 10)청년층에 대한 독점적 영향력의 행사, 11)평행 조직들parallel organization의 이용, 12) '악마화된 적demonized enemy'들의 이용과 같은 전략을 고른다.

두 좌파 정권들은 이런 일반적 특질들을, 짙든 옅든, 모두 보였다.

1) 공격적 민족주의의 신봉: 우리나라에 적대적이고 위협적인 북한에 대해 오직 민족주의만을 틀로 삼아 접근했다. 특히 '햇볕정책'이라 불린 유화정책을 추구해서 우리에게 위협이 될 뿐 아니라 북한 주민들에게도 더할 나위 없이 잔혹한 정권을 도왔다. 선거에서 "남북한 관계만 잘되면, 다른 것은 깽판을 쳐도 된다"라며 지지를 호소한 노무현 대통령의 생각에 공격적 민족주의의 실체가 담겨 있다.

2) 단체주의의 추구: 자유주의와 시장경제를 구성 원리로 삼은 사회에서 단체주의는 흔히 '노사정위원회'와 같은 기구를 통해서 추진된다. 김대중 정권 아래서 '노사정위원회'는 경제 활동의 규범을 정하는 공식 기구가 되었다. 자연히, 시장의 원리는 크게 위축되었고 우리 경제는 사회주의적 빛깔을 점점 짙게 띠었다.

3) 사유재산제에 대한 부정적 태도와 재산권에 대한 점증하는 침해: 두 정권이 즐겨 내세운 '평등'이나 '분배'와 같은 구호들은 본질적으로 사유재산제에 대한 부정적 인식에 바탕을 두었다. 그런 인식은 갖가지 정책들을 통해서 시민들의 재산권을 크게 침해했다. 헌법의 정신에 어긋날 정도로 가파르게 늘어난 세금은 시민들의 재산권에 대한 가장 중대한 침해였다. 노동조합들의 불법 파업과 사업장의 강제 점거도 재산권을 심각하게 침해했다.

4) 법 지배의 부정과 폭력의 일상적 사용: 다른 전체주의 이

넘들처럼, 민족사회주의는 법의 지배를 본질적으로 부정한다. 민족사회주의가 득세한 사회에서는 개인들의 자유와 재산을 보호할 장치가 없다. 헌법의 수호를 핵심적 책무로 지닌 대통령이 "그놈의 헌법"이라고 헌법을 저주한 데서 법의 지배를 부정하는 민족사회주의의 특질이 잘 드러났다. 좌파 시민단체들과 노동조합들이 불법 행위들을 일삼아도, 두 정권들은 그냥 두었다. 오히려 불법 행위들을 막으려는 공무원들에게 불이익을 주어서, 공권력을 무력하게 만들었다.

5) 다른 세력과의 공존 거부: 민족사회주의는 다른 이념이나 세력과 공존하는 것을 거부한다. 애초에 파시즘이 전체주의라 불리게 된 것도 바로 모든 권력을 장악하려는 속성 때문이었다. 민족사회주의는 안으로는 완전한 통제를 추구하며 밖으로는 확장주의적 정책을 추구한다. 노무현 대통령이 "어떤 보수"도 타협할 상대가 못 된다고 공언하고 '강남' 사람들과의 대화를 원천적으로 거부하면서 '코드 인사'라 불린 인사정책을 통해 공공기관의 인적 장악을 추구한 것도 이런 특질을 고려해야 비로소 이해가 된다.

6) 기성 사회에 대한 반감과 경멸: 인류 사회들은 자연스럽게 자본주의를 따른다. 자본주의는 일부러 바꾸지 않으면 자연스럽게 나오는 상태default state다. 자신들을 자본주의의 대안으로 내세웠으므로, 민족사회주의 세력은 이미 존

재하는 사회에 대한 반감과 경멸이 깊다. 그들의 지도자들이 군중을 선동하고 증오를 북돋우는 기술 말고는 따로 지닌 지식이나 기술이 없다는 사정은 이런 경향을 부추긴다. 기성 사회에 대한 반감과 경멸은 사회를 보다 결속력 있고 활기차고 순수하게 만들려는 충동을 낳는다. 자연히, 민족사회주의는 사회에서 바람직하지 못하다고 여겨진 특질들을 씻어내고 '오염된' 집단들을 제거하려는 성향을 짙게 지녔다. 지난 10년 동안 좌파 정권들이 재벌을 없애려고 애를 쓰고 '과거사 청산'에 많은 자원을 들인 것은 그런 성향에서 비롯됐다.

7) 지도자의 중심적 역할과 정책의 상대적 경시: 다른 전체주의 이념들과 달리, 민족사회주의는 교리를 도구로 삼고 교리의 진실성을 가변적이라 여긴다. 따라서 일관된 정책들을 마련하지 못한다. 교리의 변질과 정책의 빈곤이 남긴 자리는 지도자의 중심적 역할로 채워진다. 민족사회주의는 늘 지지자들에게 합리적 사고와 독립적 판단 대신 지도자에 대한 맹목적 추종을 요구하고, 그렇게 맹목적인 지지자들을 핵심 기반으로 삼는다. 노무현 대통령이 자신을 대통령으로 만들어준 정당을 버리고 새 정당을 만든 일, 이념적으로 상극인 한나라당에 느닷없이 '대연정'을 제의한 일, 그리고 좌파 정치인들의 어지러운 이합집산은 모두 이런 성향에서 나온 현상들이다.

8) 반지성주의와 정치의 감각화: 민족사회주의는 반지성주의의 풍토에서 자란다. 그래서 정치적 과정을 합리적 토론에서 감각적 경험으로 바꾼다. 벤야민Walter Benjamin이 지적한 것처럼, 파시즘과 나치즘이 이룬 이런 변환은 정치를 미학aesthetics으로 바꾸었고, 그들에게 궁극적인 감각적 경험은 전쟁이었다. 노무현 대통령은 반지성주의와 정치의 감각화를 구현한 정치 지도자였고, 덕분에 집권할 수 있었다.

김대중 정권과 노무현 정권의 집권 과정은 민족사회주의가 널리 이용하는 전략과 기법들에 크게 힘입었다.

9) 대중 집회, 선동선전, 그리고 무대 연출의 효과적 이용: 원래 민족사회주의는 대중이 정치에 참여함으로써 나타난 '정치적 공간' 덕분에 나오고 자랄 수 있었다. 당연히, 민족사회주의자들은 대중을 동원하고 선동선전과 무대 연출로 대중을 움직이는 데 뛰어나다. 김대중 대통령과 노무현 대통령은 대중 집회를 정치에 가장 잘 이용한 정치 지도자들이었다.
10) 청년층에 대한 독점적 영향력의 행사: 기성 사회에 대한 반감과 경멸, 권위를 독점한 지도자와 열광적 추종자들, 정치의 감각화, 대중 집회의 중심적 역할, 그리고 선동선

전과 무대 연출의 효과적 이용과 같은 특질들은 젊은이들에게 큰 호소력을 지닌다. 그래서 민족사회주의의 득세는 나이 든 세대들에 대한 젊은 세대들의 반란의 성격을 짙게 띤다. 이런 특질은 '386세대'라고 불린 젊은 계층을 핵심 기반으로 삼은 노무현 정권에서 잘 드러났다.

11) 평행 조직들의 이용: 단체주의를 통해서 대중을 조직하므로, 민족사회주의는 국가의 공식 정부 조직과 그 성격과 영역에서 상당히 겹치는 평행적 조직을 갖춘다. 그리고 집권 뒤에도 그런 조직을 유지하고 흔히 강화한다. 노무현 정권은 시민단체들을 집권에 잘 이용했고 집권 뒤에는 그들에게 많은 공적 기능들을 부여했으며, 많은 위원회들을 설치하고 그런 기구들로 이루어진 평행 조직을 정권의 주요 기반으로 삼았다.

12) '악마화된 적'들의 이용: 대중의 민족주의적 성향을 활성화하고 대중을 정치 집회에 동원하는 데 쓰는 가장 효과적인 수단은 적들을 악마로 만드는 수법이다. 파시즘의 경우, 내부의 적은 소련의 지시를 받는 사회주의자들과 타락한 지배 계층이었고 외부의 적은 공산주의 세력과 승전한 연합국 세력이었다. 나치즘의 경우, 내부의 적은 유대인들이었고 외부의 적은 공산주의 세력과 승전한 연합국 세력이었다. 우리 사회에서 민족사회주의 세력이 악마로 만든 내부의 적들은 친일파, 군부 정권, 재벌, 그리

고 '강남'으로 상징된 '가진 자'들이었고, 외부의 적들은 일본과 미국이었다. 특히, 거센 반일 감정과 반미 감정은 효과적인 대중 집회와 선동선전으로 이어져 노무현 정권의 탄생에 결정적으로 기여했다.

3

이번 선거에서 시민들은 민족사회주의에 바탕을 둔 대안적 실험에 대해 단호하게 부정적 평가를 내렸다. 이명박 후보를 압도적으로 지지함으로써, 시민들은 우리 사회의 구성 원리인 자유민주주의와 자본주의로 복귀해야 한다는 점을 뚜렷이 밝혔다.

전체주의 이념들은 어떤 모습을 하든 나쁜 이념이라는 사실이 이미 충분히 드러났으므로, 좌파 정권들의 탄생 자체가 피할 수도 있었던 불행이었다. 따라서 자유민주주의와 자본주의로의 복귀는 우리 삶을 모든 면들에서 낫게 만들 것이다. 대안적 실험이 이념에 바탕을 두었던 만큼, 그것은 우리 사회의 모든 면들과 모든 사람들의 삶에 영향을 미쳤다. 실제로, 지난 10년 동안 우리 사회가 경험한 혼란과 분열과 비효율은 거의 다 민족사회주의의 실험에서 나왔다.

이제 우리 사회는 회복기를 맞았다. 그동안 우리가 잃었던 것들 가운데 가장 본질적이고 중요한 것은 '경제적 자유'다. 자유주의와 전체주의의 대결에서 핵심이 바로 경제적 자유이기 때문이다.

이렇듯 두 이념들이 경제 분야에서 가장 거세게 맞부딪치는 까닭은 다음과 같다.

첫째, 의회 정치, 투표의 자유, 언론의 자유, 정치와 종교의 분리, 사법 정의와 같은 것들을 내용으로 삼는 정치적 자유에 대해서는 드러내놓고 반대하는 세력들이 드물다.

둘째, 자유의 핵심은 경제적 자유다. 재산권에 바탕을 둔 경제적 자유 없이 다른 자유들이 존재할 수 없다. 이 점은 70여 년에 걸친 공산주의 실험으로, 이론의 여지없이 증명되었다.

셋째, 자본주의의 대안으로 나온 여러 사회주의 체제들이 주로 경제 조직의 문제를 다루었다. 자연히, 자유주의와 사회주의 사이의 논쟁도 자연스럽게 경제 조직의 문제에 맞춰졌다.

좌파 정권들의 민족사회주의 실험으로, 우리 사회에서 경제적 자유는 갑자기 줄어들었고 재산권은 갖가지 형태들로 침해당했다. 정부의 몫이 점점 늘어나고 시장의 몫이 줄어들었다는 사실은 재산권이 꾸준히 침해당했음을 보여준다.

1) 세금이 가파르게 늘어났다. 세금은 늘 재산권에 대한 가장 근본적인 위협이다.
2) 경제 활동들에 대한, 특히 기업들에 대한, 규제가 심해졌다. 그런 규제는 자신의 재산에 관한 개인들의 결정을 제

약해서 재산권을 실질적으로 침해한다.

3) 결과의 평등을 목표로 한 소득과 기회의 강제적 재분배가
시행되었다. 구성원들이 상당한 수준의 삶을 누리도록 할
책임이 사회에 있으며, 따라서 자신이 입은 손실에 대해 사
회가 보전해줄 책임이 있다는 주장entitlement이 늘어났다.

4) '가진 자'들을 '악마화demonization'하는 정치적 공작이
진행되어, 정상적 경제 활동에 대한 규제들이 빠르게 늘어
났다.

5) 노동조합의 특권이 더욱 늘어났다. 특히 노동조합의 불법
적 폭력은 공공연히 허용되었고, 그런 폭력에 대처하려는
노력은 오히려 탄압을 받았다.

6) 외국 자본에 대한 반감과 차별이 심해졌다. 특히 투자 이
익의 배당과 송금에 대한 반감과 우려가 커졌다.

이런 경제적 자유의 위축은 시민들의 삶을 점점 어렵게 만들
었다. 아울러, 경제적 자유가 모든 다른 자유들의 바탕이므로,
그것의 위축은 정치적 자유의 위축을 불렀다. 노동조합들은 지
지하는 정당과 후보를 밝히고 지원을 했지만, 기업들이나 그들
을 대표하는 단체들은 중립을 표명할 수밖에 없었다는 사정은
상징적이다. 마침내 노무현 정권은 언론의 자유에 대해 적대적
태도를 드러냈고, 무지막지한 조치들을 통해 언론의 자유를 억
압했다.

이처럼 경제적 자유의 회복은 이번 대통령 선거의 본질적 성격이다. 이제 우리는 어렵사리 되찾은 경제적 자유를 소중히 여기고 경제적 자유주의를 충실히 따라야 한다. 지금까지의 경험들은 모두 경제적 자유주의가 경제적 번영과 정치적 자유에로 이끈다는 것을 명확하게 보여주었다.

1부

새 대통령이 할 일들

1

정치 지도자가 할 일들은 역사적 정황에 따라 결정된다. 그
의 지도력은 사회의 현실 속에서 구체적 문제들에 대한 대응이
라는 형태로 발휘된다. 새 대통령이 맞은 과제들을 살피려면,
따라서 우리는 먼저 이번 대통령 선거의 뜻을 살펴야 한다.

지난 10년 동안 김대중 정권과 노무현 정권은 우리 체제에
대안적인 실험을 했다. 그들이 따른 이념은 민족사회주의였는
데, 그것은 우리 사회의 구성 원리인 자유민주주의 이념과 자
본주의 체제에 적대적이다. 그런 이념을 따르고 그 체제를 도
입하려 했으므로, 두 정권들 아래서 우리 사회는 커다란 혼란
과 분열, 그리고 비효율을 경험했다. 자연히, 이번 대통령 선거

는 민족사회주의 실험에 대한 평가의 성격을 띠었다.

이렇게 보면, 새 대통령의 과제는 민족사회주의 실험의 잔재들을 걷어내고 자유주의와 자본주의에 활기를 불어넣는 것이다. 보다 구체적으로, 그 과제는 세 가지 주요 목표들을 포함한다: 1)경제적 건강의 회복, 2)법 지배의 확립, 3)국방의 강화.

2

노무현 정권 아래서 경제는 제대로 성장하지 못했고, 우리 삶도 어려웠다. 따라서 경제는 이번 대통령 선거의 핵심 논점이었다. 실제로, 이명박 후보가 큰 표차로 이긴 것은 그가 경제를 잘 다룰 수 있다는 심상을 시민들에게 투사하는 데 성공한 덕분이었다.

자연히, 경제적 건강의 회복은 우리 사회의 가장 중요한 과제다. 이 과제를 잘 수행하는 근본 전략은 경제적 자유의 회복이다. 시민들이 최소한의 사회적 강제 아래서 자신의 뜻에 따라 경제 활동을 할 수 있다면, 경제는 효율적으로 움직이고 사회의 다른 분야들도 더불어 효율적이고 활기차게 된다.

경제적 자유의 핵심은 개인들의 재산권 보장이다. 자기 재산에 대한 권리를 확보하지 못한 상태에서 개인들의 활동은 크게 제약된다. 지난 10년 동안 시민들의 재산권은 여러 가지 형태로 많이 침해되었다. 새 대통령은 시민들의 재산권이 제대로 지켜지도록 해야 한다. 그런 조치 없이는 경제적 자유가 보장되지 못하고, 시민들이 경제적 자유를 한껏 누리지 못하면, 경제는 건강을 회복할 수 없다.

3

법의 지배는 모든 사회의 기본 원리다. 그러나 근년에 우리 사회에서는 법을 가볍게 여기는 풍조가 심해졌다. 특히 큰 문제가 되는 것은, '떼법'이란 말이 가리키듯, 세력이 큰 이익집단의 힘이 자주 법의 권위를 위협했다는 사실이다. 불법적으로 시위하며 공권력에 대해 폭력을 쓰는 이익집단이 벌을 받는 일은 드문 반면, 오히려 그들을 막으려 위험을 무릅쓴 경찰관들이 정권으로부터 질책을 받았다. 심지어 주한미군 부대의 부지를 경비하던 군인들이 반미 집단에게 폭행을 당하면서도 저항하지 못했다.

이런 풍조는 분명히 좌파 정권들의 행태와 관련이 깊다. 원래 민족사회주의는 지도자의 의지를 가장 높은 규범으로 여기고 법을 가볍게 여긴다. 게다가 두 정권의 지도자들과 추종자들은 대한민국의 정통성에 대한 회의를 자주 드러냈다. 심지어 노 대통령은 헌법의 수호자라는 자신의 책무를 가볍게 여겼다.

선거법 위반으로 탄핵 소추를 당한 것도 본질적으로 그가 법을
가볍게 여긴 데서 나왔다.

새 대통령은 법의 권위를 세워서 법의 지배를 확립해야 한다.
특히 좌파 시민단체들과 노동조합들이 불법적으로 시위하고 사
업장을 점거하는 일을 막아야 한다. 어느 사회에서나 노동조합
의 폭력에 대한 시민들의 태도는 비합리적으로 너그럽지만, 우
리 사회에서는 특히 더 그렇다. 이런 사정을 바꾸지 않으면, 법
의 지배를 확립하기 어렵다.

4

지난 10년 동안 우리 국방 능력은 많이 허물어졌다. 북한은
꾸준히 군비를 늘리고 핵무기까지 갖추었는데, 우리는 거기 맞
춰 군사적 능력을 늘리지 못했다. 더욱 걱정스러운 것은 북한
의 위협과 도발에 맞설 정치적 의지가 크게 줄어들었다는 사실
이다. 게다가 미국과의 동맹 관계가 약화되었으므로, 우리의
대응 능력은 더욱 줄어든 셈이다. 이런 사정은 근본적으로 두
정권이 국방 능력을 의도적으로 약화시킨 데서 나왔다.

국방 능력의 약화에 결정적으로 기여한 것은 '햇볕정책'이라
불린 유화정책이었다. 김대중 정권은 이 정책을 통해서 북한을
도왔고, 덕분에 큰 위기를 넘긴 북한 정권은 그 자원을 이용하

여 핵무기를 개발했다. 노무현 대통령은 줄곧 북한의 견해와 이익을 대변하면서 미국에 맞섰다. 심지어 해상 북방한계선 NLL의 정당성을 부인하는 발언을 했고, 북한의 침입에 맞서 영해를 지킨 해군 지휘관들을 부당하게 전역시켰고, 전사자들의 장례식과 추모식에 단 한 번도 참석하지 않았다.

모든 사회는 자신을 외부로부터 지킬 수 있어야 존속할 수 있다. 국방에 앞서는 책무는 없다. 새 대통령은 무엇보다도 국방을 강화해야 한다. 특히 북한의 군사적 위협과 사상적 침투에 대한 효과적 대책을 마련해야 할 것이다.

5

여기서 문제가 되는 것이 '햇볕정책'이다. '햇볕정책'과 같은 유화정책은 한번 세워지면 바꾸기 어렵다. 유화정책은 아주 적은 비용으로 평화를 유지할 수 있다는 인식을 퍼뜨려서 늘 인기가 높다. 반면에, 적국의 위협에 맞서는 데 필요한 정치적 의지를 모으기는 무척 힘들다. 나치 독일이 공격적 태도를 보인 상황에서도 영국에서는 유화정책의 인기가 높았고, 오히려 대항정책을 주장한 윈스턴 처칠과 같은 정치가들이 정치적 황야로 밀려났다는 사실이 이런 사정을 일깨워준다.

북한과의 관계에서는 특히 유화정책의 인기가 상대적으로 높다. 남북한이 원래 한 민족국가였다가 나뉘었고 통일이 줄곧 우리에게 가장 중요한 정치적 가치였으므로, 이상한 일이 아니다. 게다가 두 좌파 정권이 북한과의 제한된 교류를 평화의 징후로 선전한 까닭에, '햇볕정책'은 많은 시민들의 지지를 받는다.

그런 사정 때문에 '햇볕정책'은 실질적으로 새 정권이 물려받은 정치적 유산이다. 이제 갑자기 유화정책을 현실적 정책으로 바꾸기는 어려울 것이다. 북한의 반발도 클 터이고 우리 내부의 반발도 심각할 터이다. 그래도 '햇볕정책'의 수정은 국방의 중요한 기준이 되어야 할 것이다. 새 대통령이 '상호주의'를 추구해서 북한의 태도를 바꾸겠다고 나선 것은 반갑다.

6

북한과의 관계에서 가장 시급하면서도 어려운 문제는 국군 포로들과 납북자들의 송환이다. 국민들을 보호하는 것은 국가의 책무들 가운데 으뜸인데, 역대 정권들은 북한에 의해 불법적으로 억류된 국민들을 보호하는 데 너무 무심했다.

그런 태도는 이 일이 정말로 어렵다는 인식에서 나왔다. 북한으로서는 국군 포로들과 납북자들의 존재를 인정하는 것 자체가 자신의 불법 행위를 인정하는 것과 마찬가지여서, 이 문제를 의제로 삼는 것조차 거부해왔다. 우리 당국자들도 이 문제를 의제로 삼아서 북한과의 관계를 해치는 것은 수지가 맞지 않는다고 생각해왔다. 이것은 아주 단견이다. 자기 국민을 적국으로부터 구출하려는 의지를 지니지 않은 국가는 경멸을 받고 늘 도발에 시달린다. 모든 강한 군대들은 사상자들을 버리고 물러나지 않는다는 사실을 우리는 새겨야 한다. 이 중대한 문제를 해결하지 않고서 '상호주의'를 얘기하는 것은 공허하다.

병든 경제의 회복

1

경제 상태를 가장 잘 나타내는 지표는 경제성장률이다. 소득 수준도 성장률만큼 경제의 모습과 활력을 나타내지 못한다.

경제 성장은 개인들의 생활수준이 높아진다는 것을 뜻한다. 생활수준의 향상은, 미국 경제학자 벤저민 프리드먼Benjamin Friedman이 지적한 것처럼, 개인들의 삶을 많은 면들에서 실질적으로 개선할 뿐 아니라 그들의 사회적·정치적·도덕적 성향을 보다 낫게 만든다. 생활수준이 정체되거나 낮아지면, 더 큰 기회, 다양성의 허용, 사회적 이동성, 공평을 지키려는 결의, 그리고 민주주의에 대한 믿음이 줄어든다.

노무현 정권 아래서 세계 평균에 못 미치는 경제 성장을 경험하면서, 우리는 이 점을 절실히 깨달았다. 경제가 제대로 성장하지 못하면, 개인들의 삶이 고달플 뿐 아니라 사회의 질이 조악해진다.

근자에 각기 현 정권과 다음 정권을 대표하는 사람들이 올해(2008년) 우리 경제가 보일 성장률에 대해 예측했다. 권오규 부총리는 5퍼센트에 채 미치지 못하는 수치를 제시했다. 대통령직인수위원회의 사공일 박사는 이명박 당선자가 공약한 7퍼센트를 이룰 수 있다고 장담했는데, 이 당선자의 다른 측근이 이내 그 수치를 6퍼센트로 낮췄다.

당장 올해 우리 경제의 성장률을 예측하는 단기적 전망에서 1퍼센트포인트가 넘는 차이는 상당히 크다. 그런 차이는 앞으로 우리 경제를 다듬어낼 힘들에 대한 단서를 제공한다.

2

단기적 경제 성장의 예측은 본질적으로 현존 생산 시설이 얼마나 가동될 것인가를 판단하는 일이다. 생산 시설은 건설에 긴 시간이 걸리므로, 그런 방식은 실제적이다.

현 정권과 새 정권이 보인 성장률 예측에서의 차이는 새 정권이 펼 경제정책의 효과에 대한 판단이 다른 데서 나왔다. 현 정권은 새 정권의 경제정책이 별다른 효과가 없으리라고 본 것이고, 새 정권은 큰 효과가 있으리라고 본 것이다.

여기서 주목할 점은 현 정권이나 새 정권의 예측이 같은 경제 모형에 바탕을 두었다는 사실이다. 둘 다 이번 정권 교체가 우리 경제의 근본적 변화를 뜻한다고는 보지 않으며, 그래서 지금까지 쓰인 경제 모형을 바꿀 필요가 없다고 여긴다.

이런 추론은 이 당선자나 그의 보좌진이 이념이나 사회적 틀의 수준에서의 변화를 언급한 적이 없다는 사실에 의해 떠받쳐진다. 그들은 '실용주의'라는 구호를 즐겨 써왔다. "시장에 우호적인market-friendly"이라는 표현을 썼다가, 그 말이 '반(反)노동자'를 뜻하는 것은 아니라고 이내 덧붙였다. 그들은 현 정권을 좌파 정권이라 부르거나 새 정권을 우파 정권이라 규정하는 것을 조심스럽게 피한다.

3

그러나 그들이 인식하든 하지 않든, 이번 대통령 선거 결과는 통상적 정권 교체를 훌쩍 뛰어넘는 변화를 뜻한다. 그것은 김대중 정권과 노무현 정권이 시도한 민족사회주의 실험에 대한 시민들의 심판이었고, 이명박 후보의 대승과 정동영 후보의 참패는 시민들의 준엄한 판단을 선명히 드러냈다.

근대에 나온 갖가지 사회주의 실험들은 그것이 청사진으로서는 매력적이지만, 실제로 적용되면 나쁜 결과를 낳는 이념임을 이론의 여지없이 보여주었다. 남북한의 대조실험은 그 점을 특히 선명하게 보여주었다. 사회주의가 지향하는 정보와 결정권의 집중은 필연적으로 압제와 부패를 낳고, 모든 재산들의 사회적 소유는 실제로는 대중의 재산을 박탈하는 것으로 비능률과 의욕 상실을 부르는 데다 중앙의 경제 부서에서 짠 계획은 아주 거칠면서도 경직되어 있어 상황의 변화에 따른 수정이 실질적으로 불가능하며, 그런 경직성은 시민들의 경제 활동을 극도로 제약해서 혁신을 원천적으로 막는다.

두 좌파 정권들이 내세운 민족사회주의는, 좋게 말하면, 우리 사회의 구성 원리인 자유주의 이념과 자본주의 체제에 대한 대안적 실험이었다. 그리고 자유주의자들이 예언한 대로, 비참한 실패로 끝났다. 우리 사회가 이번 선거에서 이끌어낸 것은 그런 대안적 실험을 끝내고 대한민국의 구성 원리로 되돌아가자는 결의였다. 물론 이런 결의는 우리 사회의 틀이 근본적으로 바뀌리라는 점을 뜻한다. 그런 근본적 변화는 당연히 경제에도 큰 영향을 미칠 것이다.

4

자유주의와 자본주의 체제라는 구성 원리로의 복귀는 당연히 좋은 효과를 볼 것이다. 민족사회주의 실험은 경제적 자유를 크게 위축시켰다. 정부의 몫이 크게 늘어나면서, 시장의 몫은 줄어들었다. 정부와 시장은 보완하는 대신 늘 서로 부딪쳤다.

정책들은 사회적 갈등을 증폭시켰고, 기업들의 활동은 정부의 간섭으로 위축되었고, 정부의 묵인 아래 점점 더 거세진 노동조합의 불법 행위들은 정상적 기업 활동을 어렵게 만들었고, 가파르게 늘어난 세금으로 시민들의 삶은 쪼들렸고, 시장에서의 활동 대신 정부를 대상으로 한 '지대추구rent seeking'가 부쩍 증가했고, 자신이 입은 손실에 대해 사회가 보전해줄 책임이 있다는 생각entitlement이 늘어났으며, 외국 자본에 대한 반감에 바탕을 둔 정책들과 관행들은 외국 자본의 유입을 크게 줄였다.

이런 부정적 영향들이 거의 다 사라지고 경제적 자유가 활짝 핀다면, 우리 경제는 좋은 환경을 만날 것이다. 아마도 가장 적절한 비유는 계모 밑에서 구박받다가 다시 생모와 살게 된 어린아이일 것이다. 계모에게서 늘 미움 받고 제대로 먹지 못해서 비쩍 말랐지만, 생모에게서 사랑받고 제대로 먹게 되면, 아이는 이내 건강을 되찾고 통통하게 살이 오를 터이다. 그런 아이가 회복기에 들어서면 평균보다 훨씬 높은 성장률을 보인다.

5

이런 회복 효과는 개념화가 무척 어렵고 계량화는 더욱 어렵다. 이 효과의 많은 부분은 사람의 판단과 행태에 영향을 주는 문화적 요소들에서 나오는데, 경제학자들이 만든 경제 모형은 이런 요소들을 제대로 반영하기 어렵다.

게다가 우리와 비슷한 선례가 없다. 우리 사회는 자유주의 이념과 자본주의 체제에 바탕을 두고 활기차면서도 안정적으로 성장해온 중진국이었는데, 갑자기 이질적인 이념에 따른 대안적 실험으로 부진했다가 원래의 이념과 체제로 복귀했다. 중진국들 가운데 이런 경험을 한 나라는 없다. 우리와 처지가 비슷한 나라들도 모두 사회주의 체제에서 자본주의 체제로 전환한 경우들이다.

사정이 그러하므로, 지금 경제학자들이 만든 경제 모형은 우리 경제가 누릴 회복 효과를 충분히 고려하지 못한다. 현 정권과 새 정권이 경제 성장을 예측하는 데 쓴 경제 모형들은 모두 그런 한계를 지녔다.

그러면 이런 회복 효과는 얼마나 될까? 정확한 경제 모형에 바탕을 둘 수 없으므로, 그 효과를 예측하는 일은 물론 아주 거친 추산일 수밖에 없다. 사회주의 체제에서 자본주의 체제로 변환한 사회들은 처음에는 모두 어려움을 겪었다. 자본주의 문

화가 제대로 자리잡지 못하고, 기업가 정신entrepreneurship
을 지닌 사람들이 적고, 시장경제에 맞는 사회기구들이 존재하
지 않는 상태에서는 경제가 효율적으로 움직일 수 없다. 그러
나 국제적 환경이 나쁘지 않고 좋은 정책들을 꾸준히 실천했을
때, 자본주의를 채택한 사회들은 10퍼센트 안팎의 성장률을 보
였다. 중국과 인도가 대표적이다.

우리의 경우, 이미 자본주의 문화가 정착되었고 기업가 정신
을 지닌 사람들이 많고 시장경제에 맞는 사회기구들이 존재하
므로, 회복 효과는 클 것이다. 우리가 이미 중진국이어서 경제
성장의 잠재력이 예전만 못하다는 점은 있지만, 중진국 사회가
누리는 유기적 통합이 회복기에는 좋은 영향을 미칠 수도 있다.
악화된 기업 환경으로 인해 해외로 나간 기업들이 돌아올 만큼
상황이 호전된다면, 그동안 억눌렸던 투자가 크게 되살아나고
줄어들었던 외국인들의 투자도 다시 늘어나서, 회복 효과는 예
상보다 더 클 수 있다.

여기서 결정적 요인은 민족사회주의 실험으로 우리 경제에
도입된 이질적 요소들을 깨끗이 씻어내는 일이다. 그런 정화가
제대로 수행된다면, 우리 경제는 적어도 회복기의 3년 동안 10
퍼센트 가까운 성장률을 보일 잠재적 능력을 지녔다.

물론 이런 예측은 우리 경제가 실제로 그렇게 빠르게 성장하
리라는 단언은 아니다. 외부 충격이 없는 상태에서 회복기를 맞
은 우리 경제가 지닌 잠재적 능력을 가리키는 것이다. 석유와

곡물과 같은 원자재 값의 상승, 금융 시장의 불안, 선진국들의 경기 침체와 같은 요인들은 실제 성장률을 낮출 것이다. 온 세계가 경기 침체를 맞는데, 우리 경제만 활기를 보일 수는 없다.

이명박 후보가 내세운 7퍼센트의 성장률도 같은 맥락에서 나온 셈이다. 그가 약속한 것은, 상황이 어떠하든, 그의 통치 아래서 우리 경제가 7퍼센트의 성장률을 이룰 것이라는 다짐은 아니라고 보아야 한다. 근년에 5퍼센트가 채 못 된 잠재적 성장률을 7퍼센트 수준으로 높이겠다는 다짐이라고 보아야 한다 (대통령직인수위원회는 뒤늦게 그 점을 시인했다).

다행스럽게도, 지금 우리 경제는 침체됐지만 물가는 비교적 안정적이다. 자유화에 따르는 고통이 가장 극심한 경우는 경기 침체로 인해 실업이 계속 늘어나는데도 물가가 치솟는 상황 stagflation이다. 1980년대 영국에서 과감한 자유화를 시도했던 마거릿 대처Margaret Thatcher 수상이 맞닥뜨린 상황이 바로 그러했다. 무엇보다도 먼저 물가를 안정시켜야 했으므로, 그녀는 세금을 올리고 이자율을 높였다. 그런 조치들은 단기적으로 물가를 더욱 올리고 경기를 더욱 어렵게 만들고 실업을 크게 늘렸다. 대처 수상이 맞았던 상황에 비하면, 지금 이 당선자가 맞은 상황은 자유화에 훨씬 유리하다.

6

이제 우리가 해야 할 일들은 자명하다. 우리는 먼저 이번 정권 교체의 참뜻을 인식해야 한다. 단순히 여당이 지고 야당이 이긴 것이 아니다. 10년에 걸쳐 강행되었던 민족사회주의 실험이 실패해서 원래 우리 사회를 이끈 원리로 복귀한 것이다. 당연히, 우리는 자유주의 이념과 자본주의 체제를 깊이 이해하고 보다 충실히 따라야 한다. 그래야 우리 경제가 건강을 되찾고 회복 효과를 제대로 누릴 수 있다. 좌파 정권들의 실정들에 대해 임상적으로 대응하거나 민중주의적 정책들을 추구하는 것으로는 너무 부족하다.

우리가 추구할 경제적 목표는 한껏 늘어난 경제적 자유다. 개인들이 최소한의 사회적 강제만을 받으면서 자유롭게 활동할 수 있는 상태다.

경제적 자유를 회복하고 지키는 데서 가장 중요한 요소들은 법의 지배와 개인들의 경제적 자유를 보장하는 사회기구들이다. 이 두 요소들은 현실적으로 재산권이라는 형태로 요약된다. 재산은 경제적 자유의 산물이자 바탕이므로, 재산권은 법에 의한 경제적 자유의 보장을 뜻한다. 우리 경제를 병들게 한 좌파 정권들의 정책들을 찬찬히 살피면, 우리는 그것들이 모두 재산권을 침해했다는 사실과 그 폐해가 본질적으로 재산권의 침해에서 비롯되었다는 사실을 깨닫게 된다.

앞으로 자유주의와 자본주의를 충실히 따르기 위해 우리가 해야 할 일들을 어려운 순서대로 꼽으면 아래와 같다.

1) 노동조합의 불법 행위들을, 특히 폭력의 사용과 기업들의 재산권에 대한 침해를, 없애야 한다. 노동 시장의 유연성을 늘리기 위한 법적 조치가 뒤따라야 한다.

2) 정부의 몫을 줄여야 한다. 공무원들의 수와 권한을 줄여서 정부의 몸집을 줄이고 지출을 억제해야 한다.

3) 세금을 줄여야 한다. 무거운 세금은 개인들의 삶을 고달프게 하고 사회의 활력을 앗아간다. 근년에 세금은 헌법의 정신에 어긋날 만큼 가파르게 올랐다. 세금이 많이 걷히면서, 정부의 지출도 빠르게 늘어났고, 세금을 낭비하는 경우들이 너무 많아졌다.

4) 경제 활동에 대한 규제를 크게 줄여야 한다. 규제를 줄이는 일은 실질적으로는 정부의 몸집을 줄이는 일과 연결된다.

5) 외국인들의 재산권을 내국인들의 그것과 똑같이 보호해야 한다.

6) 무역을 보다 자유롭게 하고 외국 노동자들의 취업과 이민을 도와야 한다.

이명박 당선자는 인수위원회를 통해서 구체적 정책들을 밝혀왔다. 그런 정책들은 대체로 옳은 방향으로 향한다. 근본적으로 중요한 것은 방향이다.

그러나 정책들 가운데 상당수는 증상에 대한 대응요법으로 나온 듯하다. 민중주의적 정책들도 더러 눈에 띈다. 전체적으로, 자유주의 이념과 자본주의 체제를 열심히 회복하려는 열의가 기대보다 작은 듯하다.

1) 재산권의 근본적 중요성에 대한 인식이 부족한 듯하다. 이 당선자가 선거 전이나 당선 뒤에 '재산권'이라는 말을 쓴 적이 없다는 사실은 상징적이다.
2) 정부의 지출과 빚을 줄이려는 의지를 아직 보이지 않았다.
3) 정부의 몸집을 줄이려는 의지가 없다. 서둘러 "공무원 감축은 없다"라고 발표한 데서 드러나듯, 자유주의 원리를 따르기보다는 정권의 안정을 지나치게 앞세우는 듯하다. 이것은 자연스럽지만 보기보다 위험한 태도다. 노무현 정권이 공무원들을 워낙 많이 늘렸으므로, 적어도 자연적 감소를 통해서 임기가 끝날 때까지 얼마를 줄이겠다는 구체적 계획을 내놓는 것이 바람직하다.

4) 세금을 과감하게 줄이려는 의지가 없다. 정부의 수입이 줄어드는 것을 먼저 걱정하는 태도가 곳곳에서 드러난다. 재산권에 대한 가장 심각한 침해는 늘 과도한 세금이라는 점이 강조되어야 한다.

5) 노동 시장의 정상화라는 과제를 의식적으로 회피한다. 외국 투자자들이 "독성toxic"이라고 표현할 정도인 노동 시장을 대한민국의 구성 원리에 어긋나는 단체주의에 의지해서 대처하려는 태도는 본질적으로 잘못된 것이다. 적어도 노동조합의 불법 행위를 막겠다는 뜻을 밝히는 것이 긴요하다.

당장 문제가 되는 것은 이 당선자가 선거 운동 기간에 공약으로 내건 민중주의적 정책들을 그대로 실천하려 한다는 점이다. 민중주의적 정책들은 표를 얻는 데는 효과적이지만, 사회의 건강에는 해롭다.

그런 민중주의적 공약의 전형은 '신용불량자 대사면'이다. 이것은 아주 나쁜 정책이다. 개인들의 빚을 사회가 나서서 갚아주는 일은 정의와 형평에 어긋난다. 효과도 거의 언제나 부정적이니, 도덕적 해이moral hazard를 품은 정책이어서, 사회의 건강을 근본적 수준에서 해친다. 사회안전망은 가난한 사람들을 돕는 것에서 그쳐야 한다. 자주 원칙을 어긴 노무현 정권도 신용불량자 130만 명을 사면했는데, 이 당선자는 무려 720만

명을 사면하겠다고 나섰다. 이 정책만이 아니라 다른 민중주의
적 공약들도 다시 검토해서 되도록 줄이는 것이 옳다.

8

이처럼 인수위원회가 자유주의에 충실하지 못한 행태를 보이
는 까닭들 가운데에는 곧 치러야 할 4월 총선거를 고려할 수밖
에 없다는 사정도 있을 터이다. 선거에서는 어쩔 수 없이 민중
주의적 정책들이 표를 많이 얻는다.

그래도 그런 상황은 근본적으로 이 당선자가 자유주의를 굳
게 믿고 따르는 사람이 아니라는 사실에서 나왔다. 그가 자유
주의나 자본주의라는 말을 거의 쓰지 않고 '실용주의'를 내건
데서도 그 점이 드러난다. 누구도 자신의 이념과 정책들이 비
실용적이라고 여기지는 않을 터이므로, 실제로 그 말은 별 뜻
이 없다.

지금 우리 사회가 요구하는 정치 지도자는 영국의 전 수상 마
거릿 대처처럼 자유주의를 굳게 믿고 실천하려는 사람이다. 사
회주의를 실험한 정권들이 남긴 문제들에 임상적으로 대응하려
는 지도자가 아니다. 올바른 이념을 가진 지도자만이 문제들의
본질을 깊이 이해하고 옳은 처방을 내릴 수 있다. 이념적 지향
이 없으면, 어려운 문제들에 부딪쳤을 때, 인도해줄 나침반이

없다. 그럴 경우, 정치 지도자를 이끄는 것은 단기적인 정치적 이익뿐이다. 이런 상황은 물론 지도자 자신에게나 국가에나 무척 위험하다.

지금 우리 사회는 긴 병에 시달리다가 마침내 회복기에 들어섰다. 그래서 큰 잠재력을 지녔고, 그 잠재력이 한껏 발휘된다면, 가까운 미래에 세계 평균을 훨씬 웃도는 성장을 이룰 수 있다. 그렇게 하려면, 우리 모두가 우리 사회의 구성 원리인 자유주의 이념과 자본주의 체제를 충실히 따르려 애써야 한다.

노동 시장의 자유화

1

며칠 전 민노총 위원장이 이명박 당선자의 노동정책에 대해 경고했다. "올해(2008년) 안에 국가신인도를 확 떨어뜨리는 파업을 하겠다. 노무현 정부에서 980명이 감옥 갔는데, 새 정부에선 9,800명이 갈 각오가 돼 있다"라고 했다. 이어 "새 정부가 노동계를 무시하면, 집회나 하는 단순 파업이 아니라 전기, 가스를 끊고 기차와 항공기를 세우는 '제대로 된 파업'을 하겠다"라고 부연했다.

이른바 '강성' 노동조합 연합체를 이끄는 사람의 이런 발언은 새 대통령과 노동조합 사이에 벌어질 다툼을 예고한다. 눈길을 끄는 점은 이익단체인 노동조합이 시민들이 뽑은 대통령에게 먼저 도전했다는 사실이다. 그만큼 우리 사회에서 노동조합의 위세는 당당하다.

김대중 정권과 노무현 정권 아래서 보낸 10년 동안, 우리 사회는 민족사회주의를 실험했고 그 결과는 참담하다. 이번 대통령 선거는 그 실험에 대해 시민들이 심판하는 자리였다. 그래서 새 대통령에게 주어진 위임사항mandate은 우리 사회의 구성 원리인 자유민주주의와 시장경제로 돌아가는 것이다.

경제적 자유는 자유민주주의와 시장경제의 본질이다. 경제적 자유는 정치적 자유를 포함한 다른 자유들의 바탕이다. 게다가 이명박 당선자는 경제적 자유의 회복을 통해서 병든 경제를 되살리겠다고 약속한 덕분에 당선되었다. 자연히, 경제 자유화는 새 대통령이 맡은 과제들의 핵심이다.

2

우리 경제에서 가장 규제가 심하고 자유화가 시급한 분야는 노동 시장이다. 사정이 하도 심각해서, 외국 기업가들은 한국의 노동 시장을 "독성"이라고 묘사한다. 실제로, 대부분의 경제학자들과 외국 기업가들은 노동 시장의 자유화를 우리 경제의 가장 시급한 과제로 여긴다.

기업의 고용에 관한 지나친 규제로 아주 비효율적인 우리 노동 시장에서 가장 큰 혜택을 보는 집단은 노동의 공급에서 독점적 지위를 누리는 노동조합들이다. 당연히, 노동 시장의 자유화는 그들의 특권을 근본적으로 위협한다. 경제적 지형은 새 대통령의 과제와 노동조합의 이익이 부딪칠 수밖에 없도록 되었다. 민노총 위원장의 위협적 경고는 그런 사정을 반영한다.

이런 어려운 사정은 우리 사회만이 겪는 특수한 정황이 아니다. 현대 사회들에서 가장 큰 특권을 누리는 집단이 노동조합이므로, 새로 뽑힌 정치 지도자가 경제 자유화를 시도하면, 으레 노동자 조직들의 거센 저항이 나온다. 그런 저항에 부딪쳐, 대부분의 경제 자유화 노력이 실패로 돌아갔다.

지금 프랑스 경제를 보다 자유롭게 만들려는 니콜라 사르코지 대통령의 시도도 노동조합의 거센 저항을 만나 멈칫거린다. 사르코지의 자유화 계획에서 핵심은 노동 시장의 자유화다. 그는 너무 경직되어 있어 일자리를 만들어내는 데 큰 장애가 되는 노동법을 고치자고 나섰지만, 현행 법규 아래서 큰 혜택을 본 노동조합은 선뜻 응하지 않는다.

3

1980년대에 경제 자유화를 시도한 미국의 로널드 레이건 대통령과 영국의 마거릿 대처 수상은 그런 추세의 두드러진 예외들이다. 당연히, 그들의 경험은 우리에게 좋은 참고가 된다.

레이건은 정권 초기에 노동조합의 거센 저항에 부딪쳤다. 항공 산업에서 전략적 지위를 가진 관제사들air traffic controllers이 법을 어기고 파업한 것이다. 그는 관제사들에게 일자리에 즉시 복귀할 것을 요구했고, 불응하는 이들은 파면하겠다고 선언했다. 결국 그는 복귀하지 않은 관제사 1만 1,345명을 파면했고, 그와 같은 조치는 관제사 노동조합을 실질적으로 무너뜨렸다. 그 뒤로 미국에서 노동조합의 불법 행위들은 크게 줄어들었다.

대처는 훨씬 더 강력한 적수를 만났다. 당시 영국은 미국보다 사회주의적 빛깔이 훨씬 짙었고 노동조합의 힘도 비교가 되지 않을 만큼 컸다. 영국 시민들은 노동조합의 폭력에 대해서 아주 너그러웠고, 지식인들이 특히 그러했다.

총선거를 통해서 대처가 받은 위임사항은 "영국의 경제적 몰락을 돌이키고 경제에서 차지하는 정부의 역할을 줄이는 것"이었다. 이런 위임사항을 수행하려면, 경제에 큰 짐이 되는 노동조합의 특권을 줄여야 했다. 그러나 노동조합은 그런 위임사항을 인정하지 않았고 그녀의 정책에 거세게 저항했다.

1984년부터 이듬해에 걸친 당시의 투쟁에서 그녀에게 맞선 상대는 아서 스카길Arthur Scargill이 이끄는 광산노동조합이었다. 스카길은 이미 1974년의 탄광 파업을 승리로 이끌어 에드워드 히스Edward Heath 수상의 보수당 정권을 무너뜨린 전력이 있는 급진적이고 강력한 노동 지도자였다. 아울러, 에너지 공급을 책임지던 탄광 노동자들은 전략적 위치에 서 있었고, 그들의 파업은 영향력이 클 수밖에 없었다.

대처의 정책에 맞서면서, 스카길은 처음부터 법을 무시하겠다고 선언했다. "일하는 사람들의 직접 행동은 이 행정부가 귀를 기울이는 단 하나의 언어다. 그들은 논리적 주장에 귀를 기울일 준비가 안 되었다. 이제는 우리가 일할 권리를 파괴하는 국회의 결정들을 받아들이지 않을 준비가 되어 있음을 보여주어야 한다."[1] 그는 휘하의 조합원들을 동원해서 일하고 싶어하는 광산 노동자들을 물리적으로 위협했고 연료를 공급하는 차량들을 막았다. 심지어, 질서를 지키려는 경찰에 폭력을 휘둘렀다.

여론도 대처에 호의적이지 않았다. 법의 지배를 지키고 위임 사항을 수행하려는 선출된 지도자보다 법을 어기고 폭력으로 다른 사람들의 권익을 해치는 노동조합에 오히려 동정적이었다. 많은 영국 사람들은 불법적이고 폭력적인 파업을 맞서야 할 악으로 여기는 대신 그것을 에너지 정책의 틀 안에서 논의하는 것을 선호했고, 아무리 높은 비용이 들더라도 모든 탄광들을 계속 운영해야 한다는 주장을 실제적 제안처럼 다루었다.

행정부 내부의 분위기도 패배주의적이었다. 1974년의 파업으로 보수당 정권이 무너진 뒤, 정치가들과 고위 공무원들은 영국을 "다스릴 수 없는ungovernable" 나라라고 선언했고 그들의 임무는 영국의 몰락을 관리하는 일이라고까지 여겼다.

이렇게 어두운 상황에서도, 대처는 자신의 정책을 밀고나갔다. 그녀는 에너지 공급을 차단하려는 탄광 노조의 시도에 맞서 석탄을 수입했고, 발전소들에 연료가 공급되도록 했다. "좌파 파시즘Left-wing Fascism"이라 불리던 노동조합의 불법적 파업은 결국 실패했고, 대처는 영국 경제를 자유화하는 데 성공했다. 덕분에 "유럽의 병자"라 불리던 영국은 빠르게 건강을 되찾았다.

4

우리는 레이건과 대처의 경험에서 몇 가지 중요한 교훈을 얻을 수 있다.

먼저, 자유화에 대한 노동조합의 거세고 집요한 저항을 이기려면, 자유주의와 시장경제에 대한 믿음이 확고해야 한다. 그런 믿음에서 노동 시장의 자유화에 필요한 정치적 의지가 나올 수 있다.

다음으로, 노동조합의 불법 행위들에 대한 법의 엄격한 적용이 긴요하다. 노동 시장의 경직성은 본질적으로 반자유주의적이고 비현실적인 노동법에서 나오지만, 법의 지배를 굳게 세워서 노동조합의 불법 행위들을 엄격히 벌하면, 노동 시장의 문제들은 실질적으로 많이 사라진다.

셋째, 노동조합과의 첫 대결에서 물러나지 않는 것이 긴요하다. 만일 정치 지도자가 원칙을 버리고 노동조합의 무리한 요구나 불법적 파업과 타협하면, 그는 임기 내내 노동조합의 거센 저항에 시달릴 것이다. 비록 대처가 1984~85년의 파업에서 이겼지만, 그녀는 이후에도 늘 노동조합의 정치적 투쟁을 견뎌야 했다.

넷째, 노동 시장의 자유화를 추진하는 정치 지도자는 여론의 지지를 기대하기 어렵다. 특히 지식인들은 대부분 적대적일 것이다. 따라서 그는 노동조합의 본질과 현황을 시민들이 잘 인식하도록 해야 한다. 시민들은 노동조합이 약한 노동자들을 보호하는 기구라고 인식하고 있는 터라 정부와 노동조합의 대결에서 으레 노동조합에 동정적이다. 노동조합이 노동자들을 도울 힘은 없고, 다만 경제에 큰 짐이 될 뿐이라는 사실을 널리 알리는 것이 결정적으로 중요하다.

5

장기적으로, 노동 시장의 자유화와 경제적 자유의 신장은 노동조합의 본질과 현황을 시민들이 잘 인식하는 데 달렸다. 노동조합은 기업의 피고용자들이 고용 조건에 관한 단체협약을 통해서 자신들의 권익을 지키려고 만든 결사(結社)다. 현대 사회들에서 노동조합이 조직되어 있는 기업들의 경우, 기업들은 노동조합을 통해 노동을 독점적으로 공급받는다. 이렇듯 노동 공급의 독점이 노동조합의 본질이다.

이와 같은 독점은 자유주의 이념이나 시장경제 체제에 어긋난다. 노동조합에 대해 처음 판결을 내린 영국 법원의 규정대로, 그것은 독점적 지위를 추구해서 "생업을 막는 결당combination in restraint of trade"이다. 자연히, 노동조합의 존재가 필연적으로 불러오는 문제들을 근본적 수준에서 풀지 않고서는, 노동 시장의 움직임을 크게 향상시킬 수 없다.

노동자들의 권익을 보장하는 법과 관행이 제대로 자리잡지 못했던 시절, 노동조합은 노동자들의 권익을 보호하는 데 큰 공헌을 했다. 이제는 사정이 다르다. 노동자들의 권익은 법과 관행에 의해 충분히 보장된다. 자유 시장에서의 경쟁은 노동자들에게 일자리를 고를 기회를 주어 그들의 권익을 실질적으로 보호한다. 반면, 노동조합은 노동 공급의 독점이라는 본질 때문에 여러 가지 문제들을 일으키고 경제의 효율을 크게 낮춘다.

가장 근본적 문제는 노동조합이 시장의 자원 배분을 비효율적으로 만든다는 사실이다. 다음으로, 노동조합은 노동의 질과 생산성을 낮춘다. 셋째, 단체협약을 통한 임금 결정은 물가에 나쁜 영향을 미친다. 넷째, 노동조합은 실업을 늘린다. 다섯째, 독점적 지위를 누리는 다른 기구들과 마찬가지로, 노동조합은 자신의 지위에 위협이 될 만한 변화들을 싫어하고 현상을 유지하려는 속성을 지닌다. 여섯째, 파업이나 태업을 통해서 경제적 손실을 불러온다.

노동조합의 역할을 제약하는 현실적 조건들도 여럿이다. 노동조합은 스스로 노동자들의 임금 수준을 끌어올릴 수 없다. 다만 노동조합이 조직되어 있지 않거나 힘이 약한 노동조합에 속한 노동자들의 몫을 힘센 노동조합의 조합원들이 끌어갈 따름이다. 어느 사회에서나 노동조합의 존재로 인해 가장 큰 혜택을 받을 수 있는 노동자들은 그것을 조직할 역량이 부족했다. 외국인 노동자의 경우 가장 열악한 노동 환경에 처해 있음에도 불구하고, 그들은 노동조합의 혜택을 전혀 받지 못한다. 또한 큰 기업에서 파업이 일어나면, 그로 인해 발생하는 사회적 비용의 상당 부분을 부품들을 공급하는 작은 기업들의 노동자들이 감당하는 반면, 파업을 통해서 얻은 이익의 대부분은 높은 임금을 받는 큰 기업의 노동자들 차지가 된다.

이제 노동조합은 역사적 사명이 끝난 사회적 기구다. 그것은 새로운 사회 환경에 걸맞은 모습으로 진화해야 한다.

6

극한적 투쟁을 마다하지 않는 노동조합과의 대결은 어떤 정치 지도자에게나 두려운 일이다. 그래서 대결을 피하고 타협할 길을 찾게 된다. 그런 상황에서 단체주의는 늘 매력적 선택으로 다가오게 마련이다.

우리 경우에도 그러했으니, 노동조합과의 타협을 위해 '노사정위원회'라는 모습으로 단체주의가 도입되었다. 김영삼 정권에서 선을 보이고 김대중 정권에서 본격적으로 활동한 이 기구는 노동 문제에서 중요한 역할을 맡아왔으나, 시민들의 큰 기대에도 불구하고 부정적인 영향을 미쳤을 따름이다. 기구의 성격을 생각하면, 그런 결과는 당연했다.

먼저, '노사정위원회'는 우리 헌법에 어긋난다. 그것은 경제 문제들에 관한 '국민적 합의'를 목표로 삼았다. 그러나 우리 사회에서 '국민적 합의'를 이루는 기관은 국회이므로, '노사정위원회'는 삼권분립의 원칙과 입법부의 권한에 대한 근본적 도전이다.

다음으로, '노사정위원회'는 '국민적 합의'를 이룰 만한 대표성이 없다. 그것은 노동자들, 사용자들, 그리고 정부와 정치계를 대표한 단체들로 이루어졌다. 1998년 출범 당시, 노동자들은 '한국노총'과 '민주노총'이 대표하고, 사용자들은 '전경련'과 '경총'이 대표하고, 정부와 정치권에서는 대표를 파견해 여당의 중진 인사가 위원장을 맡았다. 이런 구성은 대표성에서 근거가 너무 약하다. 두 노동조합 단체들이 노동자들을 대표한다면, 노동조합에 가입한 노동자들이 10퍼센트 남짓한 현실에서, 노동조합에 들지 않은 다수 노동자들은 누가 대표하는가? 규모가 비교적 큰 기업들을 대표하는 '전경련'이나 '경총'과 같은 단체들이 사용자들을 대표한다면, 다수의 자영업자들은 누가 대표하는가? 그리고 소비자들은? 경제 활동의 궁극적 목적이 소비인데, 소비자들의 이익을 대표하는 단체가 없는 기구가 과연 얼마나 큰 정당성을 지닐 수 있겠는가?

셋째, '노사정위원회'의 대표성의 범위가 너무 모호하다. 선거를 통해서 대표성을 얻은 국회의원들로 이루어진 국회와는 달리, '노사정위원회'는 선거를 통해서 대표성을 얻지 않았으므로, '노사정위원회'를 구성하는 단체들은 그들이 대표한다고 여겨지는 경제 주체들을 어떤 문제들에 관해서 얼마만큼 대표하는지 명확치 않다. 필연적으로, 대표성과 관련하여 많은 문제들이 나올 수밖에 없다.

7

새 대통령이 맞을 상황은 한 세대 전 레이건과 대처가 맞았던 상황과 아주 비슷하다. 그가 맡은 과제에서 노동 시장의 자유화는 핵심이다. 그리고 그런 핵심적 책무의 수행은 필연적으로 노동조합과의 대결을 부를 것이다.

우리 노동조합은 영국의 노동조합보다 법을 더 가볍게 어긴다. "민노총 입에서 '물류를 끊겠다'라는 협박도 들어봤고, 파업에 불평하는 음식점들 문을 닫게 하겠다는 '소비 파업'도 구경해봤다. 어느 노조는 한 달 반마다 한 번씩 파업을 했다. 노조가 취직 장사를 하는 것도 볼 만큼 봤다. 어느 대기업 노조는 자기들 주차장에 신차(新車) 공장을 세우면 주차장이 멀어져 불편하다며 파업을 하고, 자신들과 직접 관련이 없는 원청(原請) 업체 건물에 들어가 사제 화염방사기까지 뿜어대기도 했다"라는 한 신문 사설은 새 대통령이 상대해야 할 노동조합의 성격을 잘 말해준다.

새 대통령과 강성 노동조합 간의 대결 결과는 노동 시장의 모습만이 아니라 경제의 회복에도 결정적 영향을 미칠 것이다. 새 대통령은 자유화를 추진했던 지도자들의 경험에서 얻은 교훈들을 깊이 새겨야 한다. 자유화에 대한 믿음과 성공한 지도자들의 경험에서 얻은 교훈들을 자산으로 삼아, 한편으로는 단체주의의 유혹을 물리치고 다른 편으로는 노동조합의 반대를 무릅쓰면서, 노동 시장의 자유화를 추진해야 한다. 그의 치적이 거기 달렸다 해도 과장은 아니다.

세계화 시대의 경제 조직

1

헤지펀드 '론스타'가 근자에 한국 내 자산을 팔아서 남긴 차액이 1조 5천억 원가량 되는데, 한국 정부에 내는 세금은 없다고 한다. 론스타가 지분을 매각한 거래 주체들 모두 벨기에 소재 법인들이어서, 차액에 대한 과세는 한국과 벨기에 사이에 맺어진 조세조약에 따른다. 조약에 따르면, "벨기에 법인이 한국에서 주식 거래를 할 경우, 벨기에가 양도 차익에 대한 과세권을 갖는다."

이런 사정을 보도한 기사들에서는 짙은 울분이 묻어나온다. 시민들의 반응은 더욱 감정적일 터이다.

차분한 마음으로 살피면, 이번 일에는 문제가 없다. 국제조약은 우리 사회에도 적용되는 법이다. 다른 편으로는, 우리 정부가 국제조약이나 관행에 대해 잘 모르고 대처가 서투르다는 점이 아프게 드러난다. 외국 기업들이 그런 무지와 서투름을 이용해서 세금을 덜 내는 것을 그들의 탓으로 돌리는 것은 어리석다.

세계화가 이미 많이 진행되었고 더욱 가속되는 터라, 이제 우리 사회 내부의 일들도 국제적 맥락 안에서 움직이게 마련이다. 우리 사회도 이런 사정을 잘 깨달아서, 논의의 마당을 넓혀야 한다.

2

이제 세계는 하나의 문명으로 통합되었다. 인류 사회는 독립성을 앞세우는 민족국가들로 잘게 나뉘었지만, 찬찬히 살펴보면, 국가들 사이의 관계는 무척 긴밀하고 유기적이며, 그것들은 서로 다른 점들보다는 비슷한 점들이 압도적으로 많다. 특히 경제 부문은 실질적으로 하나의 단위나 마찬가지다. 그래서 세계의 한구석에서 일어난 일들이 즉시 나머지 부분들에 영향을 미친다. 정보가 워낙 빠르게 유통되므로, 개인들 사이의 문화적 차이는 훨씬 작다. 이른바 '세계성globality의 시대'가 찾아온 것이다.

이런 사정은 민족국가의 경제 조직에 심대한 영향을 미친다. 어느 사회에서나 법과 관행들은 여전히 민족국가를 단위로 삼아 경제 활동들을 조직하는 전통을 따르지만, 그것들은 빠르게 낡아진다. 이렇게 세계가 하나로 통합되는 상황에서 특정 민족국가만을 고려하여 경제 활동들을 조직하면, 비효율적일 수밖에 없다. 이 점이 널리 인식되어야, 경제를 보다 효율적으로 조직할 수 있다.

3

세계가 하나의 경제 단위가 되었으므로, 재화의 생산과 소비는 당연히 민족국가들의 국경을 훌쩍 넘어 이루어진다. 한 나라의 경제를 논의할 때, 우리는 흔히 시장의 몫과 정부의 몫으로 나누어 살피지만, 그런 관행까지도 이미 상당히 비현실적이 되었다. 시장을 이루는 경제 주체들이 모두 한 나라의 국경 안에서 거주하고 활동하는 것이 아니라, 세계 곳곳에 퍼져 있고, 특정 논점마다 해당되는 경제 주체들이 달라진다.

우리 기업들이 대부분의 원자재들을 수입하고 고급 기술들을 들여오는데, 그 원자재들과 기술들을 수출하는 외국 기업들을 고려하지 않고서, 어떻게 뜻있는 논의가 이루어질 수 있겠는가? 우리 기업들이 제품들의 수출에 크게 의존하는데, 그 제품

들을 사는 다른 나라 시민들을 고려하지 않는다면, 무슨 논의
가 큰 뜻을 지닐 수 있겠는가?

이 점을 선명하게 보여주는 것은 이제 다국적 기업들의 제품
들이 '범지구적 외주global sourcing'에 의해 만들어진다는 사
실이다.

〔인도 시장에서 잘 팔리는 LG전자의 신제품 KG110〕의 디자
인은 서울의 LG전자 디자인 연구소와 중국 옌타이〔煙臺〕의 LG
전자 모바일 연구소에서 공동으로 진행되었다. 핵심 부품인 플
래시메모리는 중국에 설립된 미·일 합작회사인 스팬션에서,
LCD(액정화면)는 대만 업체인 톱폴리에서 공급받는다. 또 다른
핵심 부품인 칩셋chipset은 미국 기업인 ADI에서 만들었다. 금
형은 중국에 진출한 한국 기업인 진완 차이나가, 사출은 인도에
진출한 한국기업 스타리온이 담당했고, 충전기와 포장 재료는
인도 업체인 디지콤이 맡고 있다. 이 부품들이 최종적으로 인도
서부 도시 푸네에 있는 LG전자 2공장에 집결, 완성된다. 이 밖
에 일일이 밝힐 수 없는 부품들도 출신이 제각각이다.
　　　　　　　　　　　　　—이인열, 「메이드 인 글로벌」, 조선일보

다국적 기업들의 역사는 이런 관행이 점점 심화되리라는 것
을 의미한다. 다국적 기업들은 원래 산업혁명 이후 본국의 공
장들에서 만든 제품들을 해외의 지점들에서 팔면서부터 시작됐

다. 이어 다국적 기업들은 본사의 축소판 회사들을 해외에 세웠으며, 이제는 민족국가라는 지리적 영역들에 제약받지 않고 필요한 기능들을 가장 효율적으로 수행할 수 있는 곳들에 배치한다.

4

세계가 하나의 시장이 되면, 민족국가를 단위로 경제가 조직되던 때와는 모든 부면들에서 사정이 크게 달라진다. 두드러진 변화들 가운데 하나는 세계 시장에서 규모의 경제를 추구하는 다국적 기업들의 출현이다. 국제적 합병과 인수M&A가 점점 활발해진 것은 이런 사정을 반영한다.

우리 기업들은 이런 추세에 제대로 적응하지 못했다. 오래전부터 미국과 유럽의 다국적 기업들이 규모의 경제를 활발하게 추구했어도, 그리고 늦게 출발한 중국, 인도, 러시아, 브라질의 기업들이 그 뒤를 따랐어도, 우리 기업들은 외국 기업들의 합병과 인수를 통해 몸집을 불리는 일에 관심이 적었다. 그래서 우리 기업들은 상대적으로 몸집이 작아졌고, 이제 대표적 기업들까지 외국 기업들의 인수를 걱정하게 되었다. 아쉬운 일이다. 이제라도 우리 기업들은 온 세계를 시장으로 삼아 전략을 세워야 한다.

5

　정작 문제가 되는 것은 거의 모든 시민들이 외국 기업들에 의한 우리 기업들의 합병과 인수를 아주 부정적으로 바라본다는 사실이다. "먹튀"와 같은 말들에 이런 부정적 생각이 담겨 있다. 미국의 '엑슨-플로리오 법Exon-Florio Act'을 본뜬 법률을 만들어서 우리의 주요 기업들을 지키겠다는 움직임까지 나왔다. 1988년에 만들어진 이 법은 미국 대통령이 국가 안보에 대한 위해 여부를 판단해서 외국 자본의 국내 기업 투자를 막을 수 있도록 했다. 그것은 물론 자유주의와 시장경제의 원리에 어긋나는 법이다.

　한국 기업들이 외국 기업들에 의해 인수되거나 합병되는 상황을 우리 시민들이 걱정하는 까닭은 대체로 둘이다. 하나는 외국 투기 자본이 한국 기업을 헐값에 사서 단기간에 큰 차익을 남기고 떠나는 행태다. 모두들 이런 행태를 비난하지만, 그것이 잘못된 것은 아니다. 자유로운 계약에 의해 매매가 이루어졌으므로, 누구도 부당한 손해를 보지 않았을 것이다(만일 부정한 방식으로 기업을 얻었다면, 그것은 범죄의 문제지 기업을 자유롭게 사고팔 수 있다는 원칙의 문제는 아니다. 우리의 경우, 그런 범죄는 대개 권력의 부정을 통해서 나온다. 우리 사회의 고질들인 불투명성과 권력의 부패가 문제의 핵심임을 보지 못하는 것이 그렇게 그릇된 생각의 뿌리다).

　외국의 '투기 자본'은 실은 당해 기업의 가치를 높이는 데 큰 공헌을 한다. 우리 시민들이 사지 않는 기업들을 삼으로써, 그들은 그 기업들의 값이 더 떨어지는 것을 막았다. 우리 사회의 부가 해외로 유출되었다는 점을 지적하는 주장도 단견이다. 우리 사회에서 부당한 손해를 본 사람이 없는데, 어떻게 우리 사회의 부가 유출될 수 있는가? 정당한 경제 활동을 통해 돈을 벌고 이익을 남긴 사람들은 예외 없이 사회에 공헌한 것이다. 외국인들이라고 이런 이치에서 벗어나는 것은 아니다. 과도한 배당으로 기업의 성장 가능성을 해칠지 모른다는 걱정은 순전히 기우다. 어떤 재산이든지, 그것을 소유한 사람이 가장 잘 알고 아낀다. 기업을 소유한 주주들보다 기업의 장기적 전망을 깊이 생각할 사람들이 어디 있겠는가?

　우리 시민들이 그렇게 걱정하는 또 하나의 까닭은 우리 기업들이 지닌 중요한 기술들이, 특히 군사적 기술들이, 해외로 흘러나갈 가능성이다. 이런 걱정은 당연하지만, 그것은 다른 방식으로 대처해야 옳고 이미 적절한 법규들이 존재한다. 실제로 해외로 유출된 산업 기술들 가운데 외국 자본이 인수한 기업들의 것들은 드물었다. 산업 기술들이 해외로 흘러나갈지 모른다는 걱정 때문에 외국 자본의 접근 자체를 막는 일은 너무 무지막지해서 효과는 거의 없고 부작용들만 나올 것이다.

6

우리 사회에 널리 퍼진 부정적 견해와는 달리, 외국 자본에 의한 우리 기업들의 합병과 인수는 좋은 효과들을 지녔다.

먼저, 자본의 유입은, 투기적이냐 투자적이냐 가릴 것 없이, 늘 좋은 영향을 미친다. 자본의 유입은 본질적으로 생산 요소들의 증가를 뜻한다. 흔히 간과되지만 주목받아야 할 사실은, 외국 자본의 유입이 재능을 지닌 외국인들의 유입을 동반한다는 점이다.

다음으로, 자본의 유입은 기업 지배 구조에 좋은 영향을 미친다. 외국인 주주들 덕분에 지배 구조가 나아진 우리 기업들이 이미 많다.

셋째, 사회의 전반적 투명성을 높인다. 우리 사회처럼 권력의 영향이 아주 큰 사회에서 이 점은 특히 큰 고려사항이다.

넷째, 시민들의 경제적 자유를 억제하고 재산권을 침해하는 일들을 줄인다. 규제가 많고 재산권이 보장되지 않으면, 외국 자본이 들어올 리 없고, 일단 들어오면, 외국인들은 내국인들보다 훨씬 효과적으로 자신들의 경제적 자유와 재산권을 지킬 것이다.

경제가 활력을 띠고 제대로 발전하려면 효율적으로 조직되는 것이 필수적이다. 세계가 하나의 시장으로 통합되면, 그렇게 넓어진 시장을 논의의 마당으로 삼아야 경제가 효율적으로 조직될 수 있다. 온 세계로 넓어진 시장을 논의의 마당으로 삼는 것은, 실제로는 경제적 자유주의를 한껏 추구해서 시장을 활짝 여는 것이다. 모든 경제적 요소들이, 사람들도 기업들도 자본들도 기술들도, 국경을 의식하지 않고 자유롭게 드나들고 활동할 수 있어야 한다. 바로 그것이 경제 발전의 요체다. 주류 경제학 이론들이 그렇게 주장하고 역사적 경험들이 그것을 증명한다.

지금 우리 시장은 외국 기업들이 투자하기에 좋은 상황이 못된다. 권력이 심하게 부패했고 사회가 전반적으로 투명하지 않다는 사정이 근본적 요인이지만, 외국인들의 재산권에 대한 규제와 제약이 아주 심하다는 점도 큰 요인이다. 특히 문제가 되는 것은 외국인들의 재산을 강제 수용할 수도 있다는 위협이니, 국제적 기업가들은 우리나라를 강제 수용의 위협이 가장 큰 아시아 나라들 가운데 하나로 꼽는다. 외국 기업에 대한 차별은 궁극적으로 우리에게 해롭다. 누구나 자유롭게 활동할 수 있어야만, 비로소 우리 사회는 잠재력을 한껏 발휘할 수 있을 것이다.

8

이렇듯 우리 시장이 활짝 열리고 우리 경제가 세계적 맥락에서 효율적으로 재편되면, 우리 사회를 대표하는 몇몇 기업들이 외국 자본이나 다른 다국적기업들의 손에 넘어갈 터이다. 지금 우리 시민들은 거의 모두 그런 사태를 걱정하지만, 그것은 불필요한 걱정이다. 중요한 것은 우리 경제가 보다 효율적으로 진화해서 보다 나은 일자리들이 보다 많이 생기고 유지되는 것이지, 특정 기업들이 국적을 유지하거나 한국인들로 이루어진 경영진들이 살아남는 것이 아니다. 보다 과감하게 말하면, '국민 기업'으로 자처하는 기업들에 외국인들의 지분이 많아져서 명실상부한 다국적기업으로 바뀌어야, 우리 경제가 발전할 수 있다.

우리 사회는 기업을 남에게 넘기는 일을 무척 꺼리는 풍조가 전통적으로 깊다. 제값을 받고 파는 것은, 상품이든 기술이든 기업이든, 합리적이고 두루 좋은 일이다. 팔아야 할 때, 팔지 못하면, 결국 손해를 본다. 우리 기업들이 좀처럼 국제적 대기업들로 성장하지 못하는 근본적 원인들 가운데 하나는 바로 그런 풍조다. 기업이 빠르게 성장하는 길들 가운데 가장 확실한 방법은 보다 큰 능력과 보다 너른 시야를 가진 기업들에 인수되는 것이다.

'기업 사냥꾼corporate raider'의 원조라고 할 수 있는 영국 기업 핸슨Hanson의 역사는 이 점과 관련하여 우리에게 좋은 교훈을 내놓는다. 핸슨은 유럽과 미국에서 낮게 평가된 기업들을 사서 구조조정을 통해 가치를 높인 다음, 비싼 값에 파는 전략을 철저하게 추구했다. 눈길을 끄는 것은 핸슨의 창업자인 제임스 핸슨James Hanson이 자신의 기업에도 같은 전략을 적용했다는 사실이다. 그는 늘 말했다, "만일 누가 내 회사를 사겠다고 나서면, 나는 그 사람에게 택시를 보내서 영접하겠다"라고. 지난달 핸슨은 독일 회사의 인수 제의를 선뜻 받아들여 자신이 만들어서 키운 회사를 넘겼다.

우리의 역사가 그러한지라, 민족주의는 우리의 가장 짜릿한 성감대다. 그래서 '국민 기업'들은 우리에게 돈으로 가치를 셈할 수 없는 '연인들'이다. 그러나 아무리 정 깊은 연인이라도, 자신보다 나은 자격을 갖춘 맞수가 나타나면, 놓아주어야 옳다. 그렇게 해야, 그 연인이 오래 생존하고 발전할 수 있다. 누가 나타나도 결코 놓아줄 수 없도록 법으로 미리 막는 것은 자연스러운 반응이지만, 결코 현명한 선택은 아니다.

자유 시장은 공정하다

1

공정거래위원회가 '독점규제 및 공정거래에 관한 법률(공정 거래법)'의 시행령에서 '시장지배적 사업자'의 제품 가격에 대한 규제를 강화하는 개정안을 예고했다. 현재는 제품 가격을 바꿀 때 시장지배적 지위를 남용하는 것을 규제해왔는데, 개정안은 가격을 처음 매길 때나 그대로 두는 경우에도 남용을 규제하겠다는 얘기다. 남용을 판단하는 기준들로는 비용과 가격을 비교하는 방법, 유사한 가격들과 비교하는 방법이 제시되었다. 당초 이익률까지 규제하겠다고 나섰다가, 재계의 반대에 부딪치자, 그것은 뺐다고 한다.

낯설고 어려운 기술적 용어들로 가득한 이 법률과 시행령을 보면서, 많은 시민들은 정부가 기업의 내부 문제에 지나치게 깊이 간섭한다는 느낌이 들 것이다. 그런 느낌은 맞다. 기업의 목적이 이윤을 되도록 많이 남기는 것이니, 되도록 제품 값을 많이 받으려 하는 것은 당연하다. 그것을 억지로 막으려 하는 데 공정거래법의 본질적 문제가 있다.

2

공정한 거래는 누구나 찬성할 일이고 그것을 북돋우려는 정부의 노력은 시민들의 지지를 받는다. 공정은 정의의 본질이기 때문이다.

문제는, 시장경제에서는 거의 모든 거래들이 공정하므로, 정부가 공정한 거래들을 북돋우려 나설 필요가 없다는 사정이다. 자유 시장에서는 모두 자기 재산에 대한 주권을 지니며 거래들에 자발적으로 참여한다. 그리고 그런 거래들에서 이익을 본다. 만일 아무런 이익이 없다고 판단되면, 거래에 참여하지 않는다. 자연히, 자유 시장에서 자발적으로 이루어지는 거래들은 모두 공정하다.

강조되어야 할 점은 그런 거래들 말고 다른 공정한 거래가 있을 수 없다는 사실이다. 거래의 내용이 다른 이들에게 공정하지 못한 것처럼 보이는 경우에도, 그렇다. 제삼자가 내놓는 어떤 공정의 기준도 자의적일 수밖에 없다. 공정한 거래를 강조함으로써, 공정거래법은 자유 시장에서 자발적으로 이루어지는 거래들 말고 따로 공정한 거래가 있으며, 자유로운 거래들이 어딘가 공정하지 못하다는 암시를 준다.

3

자발적 거래들이 공정하므로, 거기서 형성된 가격도 당연히 공정하다. 그리고 그런 가격만이 공정하다. 다른 기준들에 따라 산출된 가격들은 모두 자의적이며, 아무리 그럴듯하게 보여도, 결코 공정한 가격이 될 수 없다.

제품의 생산에 쓰인 요소들의 가격들과 시장에서 책정된 가격들은 모두 기업가들이 실제로 생산 활동에 종사함으로써 얻어낸 정보들이다. 선험적으로 주어진 정보들이 아니다. 이 세상에 실재하는 가격들은 모두 그렇게 정해진다. 이 점을 놓치면, 사회주의자들이 치인 덫에, 즉 경제적 정보들이 선험적으로 존재한다는 믿음에, 치인다. 이 세상에 실재하지 않는 가격들을 공정하다고 주장할 수는 없다.

때론 큰 이익을 보고 때론 큰 손해를 보기도 하는 것이 경제 활동에서 나타나는 일상적인 현상이다. 그것을 문제 삼는 것은 우리 사회의 구성 원리인 시장경제를 부인하는 것이다. '시장

지배적 사업자'라고 분류된 기업들이 많은 이익을 남기면, 제품
값의 공정성을 따져보아야 한다고 믿는 사람들에게 우리는 물
을 수 있다, "왜 높은 가격만을 문제 삼는가? 원가보다 훨씬 낮
은 가격의 부당성은 왜 따지지 않는가?" 원가보다 훨씬 높은
제품 가격을 강제로 낮추어 소비자들이 부당하게 지불할 금액
을 되돌려주라고 정부가 나서는 일의 황당함은, 원가에 크게
못 미치는 값을 받은 생산자에게 소비자들이 차액을 보상하도
록 하겠다고 정부가 나서는 일의 황당함과 대칭적이다.

4

이처럼 '시장지배적 사업자'는 시장과 시장경제에 대한 그릇
된 견해에서 나온 개념이다. 시장은 많은 경제 주체들로 이루어
진 생태계이며 끊임없이 진화한다. 따라서 경제적 틈새마다 지
배적 종들이 나타나게 마련이다. 지배적 기업들이 나타난다는
것은 소비자들의 선택을 통해서 기업들의 우열이 가려지는 과
정이 잘 진행되고 있음을 가리킨다. 걱정할 까닭이 전혀 없다.
정부가 시장에 깊이 간섭하는 것은 진화 과정에 간섭한다는
뜻에서 근본적으로 해롭다. 지배적 종의 출현과 같은 자연스러
운 현상들에 대해 자의적으로 평가하고 규제하려는 충동은 아
주 위험하다. 시장경제 체제에서 합의된 원리는, 정부가 법의

지배와 재산권과 같은 일반적 규칙들만을 세우고 시장의 움직임에는 간섭하지 않는 것이다.

여기서 지적되어야 할 것은 생산자들과 소비자들의 상호작용에 의해 다듬어진 시장의 구조 자체가 소중한 사회적 지식이라는 점이다. 유기체의 몸이 물리적 환경에 대한 지식의 구현인 것처럼(예컨대, 수중 생물들의 유선형 몸매는 물의 물리적 특질에 대한 지식의 구현이다), 시장의 구조와 모습은 사회적 환경에 대한 지식의 구현이다. 지배적 기업들의 활동들을 억압하는 것은 그런 지식을 일부러 파괴하는 일이다. 현재의 공정거래법과 같은 조치가 기업가들의 창의성과 모험심을 해칠 것이라는 우려 섞인 지적은, 시장의 진화에 대한 정부의 간섭이 불러오는 여러 해악들 가운데 하나를 가리킨 것이다.

시장과 시장경제에 대한 그릇된 견해에서 나온 개념이므로, 당연하게도, '시장지배적 사업자'는 정의하기 어렵고 시장에 실제로 적용하기는 더욱 어렵다. 법은 시장지배적 사업자를 "일정한 거래 분야의 공급자나 사업자로서 단독으로 또는 다른 사업자와 함께 상품이나 용역의 가격·수량·품질 기타의 거래 조건을 결정·유지 또는 변경할 수 있는 시장 지위를 가진 사업자"로 정의한다. 이 정의는 일단 너무 추상적이고 복잡하다. 그래서 "일정한 거래 분야에서 한 사업자의 시장 점유율이 50퍼센트 이상이거나 또는 셋 이하의 사업자의 시장 점유율의 합계가 75퍼센트 이상일 경우 이들 사업자를 시장지배적 사업자로

추정한다"라고 실제적 정의를 내렸다. 그러나 이런 정의는 너무 자의적이다. 50퍼센트와 75퍼센트의 근거는 무엇인가? 49퍼센트와 74퍼센트는 시장지배적 사업자의 기준으로 왜 부족한가? 이런 물음들은 시장지배적 사업자라는 개념의 논리적 근거가 아주 부실함을 가리킨다.

그렇게 논리적 근거가 부실한 까닭들 가운데 먼저 지적되어야 할 것은, 시장지배적 사업자라는 개념이 산업과 상품들의 가치를 깔끔하게 분류할 수 있다는 가정에 바탕을 두었다는 점이다. 그런 가정은 현실과 너무 다르다. 궁극적으로, 상품마다 서비스마다 각기 다르다. 모든 면들에서 똑같은 상품들이라도 시간과 공간에 따라 가치가 다르다. 구멍가게도 둘레에서는 지리적으로 지배적 지위를 지녔고, 따라서 거기서 팔리는 상품들은 다른 동종 상품들보다 약간 비싸다는 사실이 이 점을 잘 보여준다. 즉, '시장지배적 사업자'라는 개념 속의 시장은 아주 자의적이고 거친 분류일 수밖에 없다.

게다가, 그것은 우리 시장이 외부로부터 단절된 '닫힌 체계'라고 가정한다. 이미 오래전에 우리 시장은 세계 시장의 한 부분이 된 터다. 무역 장벽이 더욱 낮아지고 시민들의 해외여행과 투자가 빠르게 늘어나면, 이렇게 틀린 가정에 바탕을 둔 경제 모형의 문제점들은 더욱 심각해질 것이다.

여기서 우리는 어떤 소비자도 지배적 사업자들과 거래하도록 강요받지 않는다는 사실을 다시 강조해야 한다. 이것은 자유 시장에서 지배적 사업자들이 매길 수 있는 가격에 한계가 있을 수밖에 없다는 것을 뜻한다. 독과점은 거의 모든 시장들에서 나오지만, 터무니없는 가격이 드문 것은 그런 사정을 반영한다. 특히, 다른 기업들이 시장에 들어올 가능성은 늘 독과점 기업들의 가격 책정에 영향을 미친다.

아울러, 환경이 끊임없이 바뀌므로, 지배적 종들도 끊임없이 바뀐다. 생산 기술들과 소비자들의 욕구들이 빠르게 바뀌는 현대 사회에서는 지배적 지위를 차지한 기업들도 빠르게 바뀐다. 이 사실은 '시장지배적 사업자'가 본질적으로 정태적 관점에서 나온 개념임을 보여준다. 그래서 그것을 빠르게 진화하는 자유 시장에 적용하는 것은 적절치 않다.

5

무엇보다 중요한 것은 공정거래법이 재산권을 심중하게 침해한다는 사실이다. 재산권이 우리 사회의 근본이므로, 그것의 침해는 아무리 작은 것이라도 결코 가벼운 일이 아니다.

재산권의 침해는 이른바 '경제력 집중의 억제'를 위한 조항들에서 특히 심각하다. 대기업들의 성장을 적극적으로 억제하려는 정책은 우리 사회의 구성 원리를 본질적으로 어기는 일이다. 당연히, 재산권의 침해도 본질적 수준에서 나왔으니, 상호출자금지, 출자총액 제한, 채무보증 제한, 금융·보험 기업들의 의결권 제한과 같은 헌법의 정신과 자본주의 원리에 명백히 어긋나는 조치들이 경제력 집중을 억제하는 수단들로 쓰여 왔다.

대기업들의 재산권을 침해하는 이 같은 경우는 당연히 그들의 성장을 저해했다. 지금 우리 대기업들의 평균 규모는 다른 나라들보다 훨씬 작다. 그런 상태는 대기업들이 경제력 집중 억제정책의 대상이 되는 것을 피하려 스스로 성장을 억제해왔다는 사실에서 하나의 요인을 찾을 수 있다. 실제로, 규제를 받는 자산 규모 바로 아래에 많은 대기업들이 몰려 있다는 사실에서 이 점이 잘 드러난다.

6

그러면 이 일을 어떻게 해야 하는가?

공정거래법이 추구하는 '공정거래'의 목적은 경쟁을 촉진해서 소비자들의 이익을 보호하는 것이다. 비록 앞에서 공정거래법을 엄중히 비판했지만, 경쟁의 촉진 자체가 불필요하다고 말하는 것은 아니다. 시장경제가 늘 완벽하게 움직이는 것은 아니기 때문이다. 이 세상의 어떤 체계도 완벽할 수 없다고 이야기하는 것도 아니다. 정부의 지나친 간섭으로 우리 시장이 아주 뒤틀리고 비효율적이라는 점을 아울러 가리키는 것이다.

시장경제가 현실에서 나올 수 있는 가장 나은 체계이므로, 아주 사소한 단점을 바로잡고자 정부가 나서는 일은 더할 나위 없이 위험하다. 흉측한 모습을 드러내고 무너진 공산주의 실험이 그 사실을 일깨워주었다. 이는 '공정거래'에도 그대로 적용된다. 경쟁을 촉진하는 일에서 정부는 시장에 대한 간섭을 최소한으로 줄여야 한다.

가장 온당한 길은 진입 장벽을 되도록 낮추는 것이다. 모두 그것이 필요조건이라는 데 동의할 터이고, 자유주의자들은 그것이 충분조건이라고 말할 것이다.

이 일에서도, 많은 다른 일들에서와 마찬가지로, 가장 큰 문제를 안은 것은 정부 자신이다. 실제로, 일반 기업들이 세우는 진입 장벽은 많지도 높지도 않다. 심각한 장벽들은 주로 정부와 연관된 공기업들이 세운다. 가장 중요한 장벽들은, 바로 정부가 갖가지 규제들로 세우는 것들이다. 수많은 정부 인허가 사항들이 모두 진입 장벽들이다. 특히 문제가 되는 것은 외국 기업들이 국내 시장으로 들어오는 것을 막는 무역 장벽들이다. 경제 발전이 근년에 이루어졌고 아직 선진국의 반열에 오르지 못한 터라, 우리 경제에서 차지하는 지배적 기업들의 몫은 크다. 이런 상황에서는 외국 기업들의 국내 진출이 경쟁을 촉진하는 데 가장 효과적이다.

따라서 진입 장벽의 철폐가, 특히 외국 기업들에 대한 무역 장벽의 철폐가, 공정거래 정책의 핵심이 되어야 한다. 정부가 세운 진입 장벽들이 줄어들고 낮아진다면, 자유 시장은 제대로 움직일 터이고, 거기서 나온 결과들은 모두 공정할 터이다. 물론 소비자들의 이익도 한껏 보장될 것이다.

7

공정거래법은 유난히 해로운 법이다. '공정거래'라 부르는 것 자체가 바로 환상이기 때문이다. 환상을 실재로 알고 그것을 목표로 삼아 추구하는 것은 개인으로서나 사회로서나 큰 비용을 치르는 일이다.

공정거래법은 우리로 하여금 환상을 좇아 시장에 부당하게 간섭하도록 만들었고, 그 과정에서 재산권을 심중하게 해쳤다. 당연히, 우리 경제의 건강과 성장은 큰 해를 입었다. 보다 근본적으로, 그것은 우리 사회에 많은 사회주의적 요소들을 도입해서 이 사회의 피륙을 약하게 만들었다.

특히 법의 제정 과정에서 "감시하는 자들은 누가 감시하는가"라는 괴로운 물음에 대한 성찰이 부족했다는 사정은 해악을 한층 더 크게 만들었다. 사회주의적 성향을 가진 입법이었으므로, 입법자들이 법을 집행하는 사람들의 지식과 선의를 믿은 것은 당연했겠지만, 그 폐해는 컸다. 원래 '시장지배적 사업자'처럼 자의적 개념들에 바탕을 둔 데다 객관적 기준의 제시 없이 관료들의 판단에 맡긴 부분들이 아주 커서 (법의 거의 모든 조항들에 "정당한 이유 없이" "부당하게" "통상적인" "현저하게"와 같은 표현들이 객관적 기준들을 대신한다), 관료들의 자의적 판단과 부정의 여지가 유난히 컸다. 근자에 공정거래위원회의 부패와 도덕적 해이가 두드러진 것은 당연한 결과다.

이처럼 해악이 큰 법이므로, 공정거래법은 궁극적으로 폐기되어야 한다. 성격 면에서 우리 사회의 구성 원리에 너무 이질적이고 효과 면에서 너무 폐해가 크므로, 부분적 수정으로 나아질 수 없는 법이다.

8

안타깝게도, 정치적 현실은 공정거래법의 철폐를 어렵게 한다. 우리 사회는 유난히 민중주의 사조가 높고 자본주의에 대한 반감이 크다. 특히 재벌에 대한 반감이 드세다. 재벌에 대한 부당한 억제정책이 '공정거래'라는 모습을 띠고 있으므로, 많은 시민들이 그것을 지지하는 일은 이상하지 않다. 자유 시장은 원래 진입 장벽이 낮아서, 독점적 이윤이 빨리 사라진다. 시장경제에 적대적인 세력이 공정거래법을 내세워 시장경제가 지향하는 이상을 현실에서 이룰 수 있는 목표라고 거짓으로 선언하고, 오히려 시장경제를 해치는 수단으로 삼은 것은 쓰디쓴

반어(反語)다.

실제로, 공정거래법의 지위와 내용은 오히려 줄곧 강화되어
왔다. 1987년 4월 경제력 집중을 억제하려는 정책이 시행되자,
현실에 맞지 않을뿐더러 위헌이라는 얘기가 나왔다. 그럼에도
정부는 그해 10월 제9차 헌법 개정에서 제112조 제2항에 그 정
책을 조항으로 명시했다. 우리 사회에서 사회주의 풍조가 당시
보다 훨씬 깊어진 지금, 공정거래법의 폐기는 기대할 수 없다.
따라서 지금 형편에서는 그것이 더욱 강화되는 것을 막는 편이
긴요하다.

다행히, 국제적으로 독점 및 공정거래와 관련해 자유주의적
견해가 반영되는 추세다. 따라서 공정거래법에서 특히 해로운
조항들을 하나씩 줄여나가는 길을 골라야 할 것이다. 이번에
문제가 된 시행령의 개정안은 자체로는 그리 큰일이 아니다. 그
리고 공정거래법의 해악이 이미 워낙 크므로, 그것이 미칠 영
향도 상대적으로 작을 것이다. 그래도 이번 일을 자유주의적
관점에서 바라보고 처리하는 일은 공정거래법의 운명과 관련하
여 중요한 뜻을 지닌다.

교육 개혁의 원칙

1

대통령직인수위원회가 교육제도를 개혁하기 위한 조치들을 잇달아 발표했다. 교육의 중요성과 현재의 제도가 안고 있는 여러 문제들을 생각하면, 당연하고 반갑다.

우리 교육체계는 처음부터 정부가 공교육의 모든 부면들을 철저히 장악한 사회주의적 체계였다. 교육의 수요자들인 학생들이 자신에게 맞는 교육을 골라서 누리지 못하고, 정부가 일방적으로 정한 기준에 따라 배급하는 교육을 받아야 했다. 배급제도가 사회주의의 궁극적 모습이라는 점을 떠올리면, 우리 교육제도의 사회주의적 성격이 쉽게 이해된다.

인수위원회가 내놓은 조치들은 현실적이고 온건하다. 그러나 그것들은 대체로 입시와 관련된 것들이다. 입시는 교육을 받을 사람들을 결정하는 절차에 지나지 않는다. 따라서 교육을 실질적으로 개혁하는 조치들이 앞으로 나와야 할 것이다.

2

교육 문제들을 진단하고 효과적 처방을 마련하려면, 교육에 대한 올바른 관점이 긴요하다. 그런 관점이 없으면, 교육체계의 근본적 개혁을 이루기가 어렵고 그저 당장의 문제들에 상식적으로 대응하는 것으로 그칠 가능성이 크다. 아울러, 올바른 관점을 바탕으로 한 교육정책을 세워야 현재의 사회주의적 교육체계에서 이익을 본 집단들의 거센 저항을 극복하고 개혁을 이룰 수 있다.

우리 사회의 구성 원리가 자유주의 이념과 시장경제 체계이므로, 교육을 보는 우리의 관점도 당연히 그와 같은 이념과 체계에 바탕을 두어야 한다. 우리 교육의 여러 풀리지 않는 문제들은, 찬찬히 살펴보면, 모두 교육이 우리 사회의 구성 원리에 어긋난 방식으로 짜이고 시행된 데서 나왔음이 드러난다. 앞으로의 교육 개혁에서 지켜가야 할 중요한 원칙들은 다음과 같다.

첫째, 정부가 인정한 학교들을 통한 공교육은 사람이 평생받는 교육의 한 부분이라는 사실을, 실은 그리 크지도 않고 그리 중요하지도 않은 부분이라는 사실을, 놓치지 말아야 한다. 지금 교육에 대한 가장 큰 사회적 관심이 대학교육에 쏠려 있는 데 비해 유아교육은 관심을 거의 받지 못한다. 참으로 안타까운 일이다. 좀 과감히 말하자면, 대학교육은 자신들의 이익을 잘 아는 학생들에 관한 것이므로, 정부가 손을 놓아도 잘될 수 있다. 유아교육은 정부의 적은 지원으로도 큰 효과를 얻을 수 있다.

누구에게나 어릴 적에 부모로부터 받는 가정교육이 가장 중요하다. 그중에서 특히 두드러진 것이 언어교육이다. 언어는 가족의 구성원들로부터, 특히 부모로부터, 배운다. 한국어에 서투른 외국 출신 어머니를 둔 어린이들이 한국어를 제대로 배우지 못해 큰 어려움을 겪는다는 사실이 이 점을 일깨워준다. 세계의 표준 언어인 영어의 중요성이 점점 커지는 이때, 어릴 적부터 가정에서 기초 영어를 배울 수 있도록 하는 것은 우리 사회를 활기차게 만드는 데 긴요하다. 그것이 우리 교육의 큰 문제인 영어교육을 효율적으로 푸는 길이다. 이제는 부모들이 어린 자식들을 가르칠 수 있도록 정부가 실질적인 방책을 마련해야 한다.

현대에서는 '지식의 노후화obsolescence'가 점점 심각해진다. 게다가 수명이 늘어나면서, '제2경력second career'이 일반적이 되었다. 중년과 노년 시민들이 새로운 지식과 기술을 배울 수 있는 '제2경력 대학'의 필요성도 빠르게 커진다.

3

둘째, 교육은 공공재가 아니라는 사실이 늘 강조되어야 한다. 공공재와 사유재를 구별하는 기준은 둘이다. 하나는 재화의 소유자가 다른 사람들의 향유를 배제할 수 있느냐 하는 것 excludability이고, 나머지 하나는 다른 사람의 향유가 소유자의 향유와 경합적이냐 하는 것rivalry이다. 국방이나 치안은 재화의 소유자가 다른 사람들을 배제하지 못하며 다른 사람들의 향유가 자신의 향유에 영향을 미치지도 않는다. 자연히, 사람들은 모두 공공재를 생산하려 하지 않고 무임승차자가 되려 한다. 공공재들은 시장이 제대로 공급할 수 없으므로, 대신 사회가 공급을 맡는다.

교육은 공공재가 아니므로, 시장이 잘 공급한다. 정부의 줄기찬 억제정책에도 불구하고, 과외수업이나 학원과 같은 사교육 시장이 늘 활기찼다는 사실에서 이 점이 잘 드러난다. 따라서 교육을 정부가 나서서 공급할 필요는 전혀 없다. 정부는 시장이 보살피지 못하는 가난한 사람들의 교육을 책임지면 된다. 그런 체계가 시장경제 원리에 맞는다. 그러나 현행 체계는 정부가 교육의 독점적 공급자로 자리매김하고, 시장은 정부가 제대로 하지 못하는 부분들을 보완한다. 정부와 시장의 역할이 그렇게 뒤바뀌었으니, 교육이 제대로 될 리 없다.

이제는 시장이 교육을 일차적으로 공급하는 체계로 바뀌어야 한다. 정부는 시장이 움직이는 데 도움이 되는 틀을 만들고 시장에서 소외된 가난한 사람들을 보살피면 된다.

4

셋째, 교육 개혁의 실제적 절차들은 소비자들의 선택의 폭을 늘리는 방향으로 설계되어야 한다. 소비자들이 자유롭게 자신들에게 맞는 재화를 고를 수 있어야, 시장이 제대로 움직인다. 지금 교육 개혁을 주도하는 사람들은 거의 다 대학교수들이다. 그들은 본질적으로 교육의 생산자들이어서, 어쩔 수 없이 생산자 위주의 정책들을 선호한다. 교육정책을 마련하는 자리에서 소비자들인 학생들과 학부모들의 이익을 대변할 사람이 드물다. '학교 증표school voucher'처럼 이미 다른 나라들에서 성공한 제도를 도입하면, 소비자들의 선택의 폭을 늘릴 수 있어 교육 시장의 발전에 크게 기여할 것이다.

지금 우리 교육의 가장 심각한 문제들 가운데 하나는 중·고등학교 학생들이 민족사회주의에 바탕을 둔 지식을 학교에서 얻는다는 사실이다. 민족사회주의적 관점에서 세상을 살피고 대한민국의 정통성을 부정하고 시장경제에 대한 그릇된 지식을 담은 교과서들을 민족사회주의를 추종하는 좌파 교원 노동조합

소속 교사들이 가르치므로, 많은 학생들이 우리 사회에서 활동하는 데 큰 장애가 되는 지식들을 흡수하고 있다. 교사의 인솔 아래 공산군 빨치산들을 추모하는 자리에 간 중학생들의 경우는 두드러진 예에 지나지 않는다. 이런 어처구니없는 교육을 바로잡자면, 학부모들이 자식들의 교육에 대해 선택할 여지가 있어야 한다.

교육 개혁은 방대하고 힘들다. 개혁에 저항하는 사람들도 많다. 그렇게 힘든 일을 제대로 하려면, 우리 사회의 구성 원리에서 도출된 원칙들을 뚜렷이 드러내서 따르는 것이 긴요하다.

영어교육의 생물학적 바탕

1

대통령직인수위원회가 영어교육을 강화하는 방안을 내놓았다. 영어가 워낙 중요한 기술이므로, 그런 적극적 대응은 일단 반갑다.

합리적 영어교육은 언어 습득의 생물학적 바탕을 고려해야 한다. 사람이 언어를 배우는 방식과 맞아야 영어교육의 효과 또한 클 터이다. 안타깝게도, 우리 사회에서 영어교육에 대한 논의는 무성하지만, 언어 습득에 관한 지식은 거의 유통되지 않는다.

언어는 문화 현상이다. 그래서 언어 자체는 문화적으로, 즉 비유전적으로, 전달된다. 반면 언어를 쓰는 육체적 능력은 유전적으로 전달된다.

언어와 육체적 능력이 그렇게 따로 전달되므로, 언어 습득은 타고난 언어 능력에 특정 언어가 새겨지는 과정을 거친다. 이 과정은 컴퓨터의 하드웨어에 소프트웨어가 탑재되는 일과 비슷하다.

각인imprinting이라 불리는 그런 방식은 생태계에서 보편적으로 쓰인다. 환경은 빠르게 바뀌지만, 유전자들은 아주 천천히 바뀐다. 따라서 모든 정보들을 유전자들에 담는 방식은 비합리적이다. 기본적 특질들만 유전적으로 이어지고, 환경에 관한 자세한 지식들은 습득해나가는 방식이 보다 합리적이다. 부모의 보살핌이 중요한 동물들에게 부모를 알아보는 지식이 태어난 뒤 몇 시간에서 며칠 사이에 각인을 통해서 얻어지는 것이 대표적 사례다.

2

각인 과정에는 결정적 시기critical period가 있게 마련이다. 각인이 가능한 기간이 한정되어 있다는 얘기다. 그래야 적절한 시기에 각인이 이루어지고, 한번 각인된 지식의 경우 쉽게 바뀌거나 사라지지 않는다.

언어 습득의 결정적 시기는 11세 안팎이다. 언어는 방대한 지식이고 배우기 어려우므로, 그것의 결정적 시기는 다른 지식들의 경우보다 훨씬 길다. 결정적 시기의 존재는 모국어를 배우고 쓰는 일이 쉬운 반면, 외국어는 아무리 열심히 배워도 원어민처럼 쓸 수 없다는 사실을 잘 설명한다.

언어 능력을 선천적으로 지녔으므로, 사람은 태어나자마자 언어를 배우기 시작한다. 그래서 겨우 나흘밖에 되지 않은 아기들이 언어들을 구별한다. 당연히, 모국어에 대한 편향도 예상보다 훨씬 일찍 시작된다. 한 달 또는 두 달이 지나면, 아이들은 음소들phonemes을 구별하는데, 모국어에서 쓰이지 않는 음소들을 변별하는 능력은 자연스럽게 줄어든다. 그래서 첫돌이 되면, 사람은 이미 모국어에 대한 편향을 깊이 지니게 된다.

낱말의 뜻을 배울 때 그것의 품사적 분류를 고려하는 능력은 두 살 때 이미 마련되기 시작한다. 문장의 구조와 의미 사이의 관련을 깨닫는 시기는 더욱 이르다. 마침내 다섯 살이 되면, 어른들과 똑같은 언어 능력을 갖춘다.

3

따라서 영어교육은, 모국어의 경우와 마찬가지로, 아기가 태어날 때부터 시작하는 것이 합리적이다. 언어를 배우려는 본능은 워낙 강해서, 일찍부터 영어를 듣고 말할 수 있는 환경에 놓인다면, 우리 아이들도 영어를 자연스럽게 배울 터이다. 그렇게 가족과 이웃으로부터 한국어와 영어를 동시에 배워서, 모든 어린이들이 두 언어를 잘 쓰게 되는 것이 합리적 영어교육의 목표다.

두 언어의 습득에서 나오는 부작용들은 혜택에 비교할 수 없을 만큼 작다. 가장 우려할 만한 부작용은 두 언어들이 섞이는 '언어 간섭language interference'인데, 이것은 어린이들이 쉽게 다룰 수 있다. 언어 능력의 선천성에서 예상할 수 있는 것처럼, 언어들의 조합은 문제가 되지 않는다. 따라서 서로 성격이 다른 한국어와 영어를 함께 배우더라도 아무런 문제가 없다. 두 언어를 쓰게 되면, 지능이 높아진다는 연구 결과도 있다.

집에서 엄마가 영어를 가르치는 것은 금전적 비용이 거의 들지 않는다. 갓난아기에게는 영어 동요 테이프를 들려주고, 혼자 텔레비전을 볼 수 있게 되면, 영어 동화를 보여주면 된다. 좀더 자라면, 영어 동화책을 통해서 읽기를 배울 수 있다. 이런 교육 도구들은 추가 비용이 거의 들지 않는다. 교육을 맡은 전문방송국이 나이에 맞는 프로그램들과 부모들이 배워야 할 지식을 담은 프로그램들을 마련하면 된다.

4

결정적 시기가 거의 끝나갈 무렵 시작되므로, 현행 영어 몰

입교육은 비용은 무척 크지만 효과는 그리 크지 않다. 어릴 적에 두 언어를 배우는 방식을 따르면, 효과가 클뿐더러 영어교육에 들어가는 엄청난 자원도 상당 부분 절약될 것이다. 특히, 가난한 가정의 아이들도 영어를 습득하는 데 불리하지 않아서, 이미 큰 사회적 문제가 된 영어 격리English Divide도 실질적으로 사라질 수 있다. 엄마가 돌보지 못하는 아이들은 정부가 고용한 보모들이 보살피면 된다.

　지금은 자식이 자연스럽게 한국어와 영어를 배우도록 하고 싶은 엄마들도 그렇게 할 길이 없다. 정부는 영어를 공용어로 삼아서 어릴 적부터 영어를 쉽고 자연스럽게 배울 수 있는 환경을 마련해주어야 한다.

생산자들을 위하는 교육체계

1

교육인적자원부가 입학시험에서 내신 반영률이 낮은 대학들을 제재하겠다고 나섰다. 반영률이 가장 낮은 대학은 정원을 줄이겠다고까지 했다.

대학들이 내신 성적을 낮게 반영하려는 까닭은, 그것이 학생들의 실력을 변별하는 데 방해가 되기 때문이다. 내신 점수를 기계적으로 적용하는 것은 평등과 정의에도 어긋나지만, 우수한 학생들을 뽑아야 살아나갈 수 있는 대학들로서는 당장 곤혹스럽다.

교육부가 그렇게 내신에 집착하는 까닭은 무엇인가? 자신의 권위를 지키고 싶은 마음도 있겠고, 입시체계에 대한 영향도 걱정스러울 터이고, 노무현 대통령이 점점 짙게 보여온 '포위심리'가 영향을 미쳤을 수도 있다.

그러나 궁극적 까닭은 정부의 엄격한 통제 아래 생산성이 아주 낮은 현재의 교육체계를 보호하려는 것이다. 입시에 내신을 반영하는 조치는 애초에 생산성이 낮은 공교육을 지키려는 방안으로 도입되었다.

이제 우리는 공교육의 보호를 위해서 내신의 반영이 필요하다는 주장을 비판적으로 살펴야 한다. 공교육은 왜, 그리고 무엇으로부터 보호되어야 하는가?

2

내신제도의 지지자들이 선뜻 인정하는 것처럼, 그들이 걱정하는 것은 중·고등학교 학생들이 학원들로 몰려가는 사태다. 정부가 주도하는 공교육보다 시장의 사교육이 훨씬 효율적임은 누구도 부인하지 않는다. 따라서 공교육이 허물어지는 사태는 쓸데없는 걱정이 아니다. 만일 내신 성적이 입시에 포함되지 않는다면, 공교육의 위기는 더욱 심각해질 것이다.

결국 공교육을 학생들로부터 지키자는 얘기다. 당혹스러운 상황이다. 여기서 궁극적 가치는 물론 학생들이 좋은 교육을 받는 것이다. 교육기구들은 바로 그 목적을 위해서 존재한다.

학생들이 교육기구들을 위해 존재하는 것이 아니다. 당연히, 학생들은 좋은 교육을 제공하는 학교를 고를 권리가 있고, 교육을 제대로 제공하지 못하는 교육기구들은 존재할 명분이 없다. 그렇다면, 공교육이 보호되어야 할 까닭이 없지 않은가?

일반적으로, 소비자가 재화를 고를 여지를 줄이는 일은 부도덕하고 해롭다. 재화가 교육이고 소비자가 학생인 경우에는, 특히 그러할 터이다. 지금 우리 사회는 정부가 나서서 학생들이 학교를 고르지 못하도록 하면서 열등한 공교육을 강요한다. 공교육기구들의 존속을 위해서 그렇게 한다.

이처럼 교육부가 열등한 공교육 체계를 유지하려 애쓰는 까닭은 무엇인가? 정부는 예외 없이 생산자들의 포로가 되어 그들 편을 든다. 소수이지만 단합된 생산자들의 힘이, 다수이지만 흩어진 소비자들의 힘보다 늘 크기 때문이다. 교육부는 공교육에 종사하는 교사들과 교수들에게 붙잡혀서 그들의 이익을 돌본다. 교육의 소비자들인 학생들과 학부모들의 이익은 늘 뒷전으로 밀려난다.

3

내신 문제에 대한 논의가 공교육 체계의 근본적 문제들에 대한 논의로 이어지지 못하는 까닭이 바로 거기 있다. 교수들도 교육의 생산자들이므로, 현재의 체계 아래서 그들의 이익은 잘 지켜진다. 실은 교수들이 현재의 비합리적이고 비효율적인 교육체계의 가장 큰 수혜자들이다. 그래서 그들은 당장 자신들의 이익에 해로운 내신 반영률은 문제 삼으면서도, 자신들의 이익을 크게 줄일 공교육의 근본적 개혁은 달가워하지 않는다.

대기업들의 지배구조는 늘 비판을 받는다. 그러나 실질적으로 대기업들이나 다름없는 대학들의 원시적인 지배구조는 논의된 적이 드물다. 그런 원시적 지배구조가 교수들의 이익에 봉사하기 때문이다. 대학마다 종업원들인 교수들이 실질적 주인 노릇을 하고 있음에도 경영 원리에 어긋나는 그런 지배구조를 비판하는 경영학 교수들을 찾아볼 수 없다.

교육부가 우리 교육의 발전을 막는 곳이라는 얘기는 자주 나온다. 그러나 우리 교육 산업의 발전을 가로막는 요인들 가운데 가장 근본적인 것은 기득권을 지키려는 생산자들의 집요한 노력이었다. 특히 사회 개혁에 관한 논의를 실질적으로 독점하고 여론에 절대적 영향을 미치는 대학교수들의 집단적 이기심이 결정적이었다. 찻잔 속의 태풍으로 끝날 이번 내신 파동이 그 점을 다시 확인해줄 것이다.

내신 반영률 자체는 아주 사소한 일이다. 대학들과 수험생들에게는 당장 중요한 문제이지만, 사회의 수준에서 그것은 근본적으로 잘못된 교육체계의 아주 작은 부분일 따름이다.

진정한 문제는 정부의 엄격한 통제로 인해 명령경제에나 알

맞을 교육체계 자체다. 소비자들이 자유롭게 재화를 고른다는 사회의 기본 원리가 교육에도 적용될 때, 우리 젊은이들이 좋은 교육을 누릴 수 있을 것이다.

위험을 줄이는 체계 설계

1

수능시험의 등급제가 대학 입시에 극심한 혼란을 불렀다. 물론 불만과 비난이 높다. 교육부 장관과 대통령만 좋은 제도니 참아내야 한다고 역설한다.

양부를 떠나, 등급제의 도입 자체는 아주 작은 혁신이다. 정부가 고등교육을 획일적으로 통제하는 근본적 구조나 당사자들인 학생들과 대학들이 자신들의 필요와 형편을 고려할 여지가 전혀 없는 입시체계라는 파생적 구조는 그대로다. 정부에서 주관하는 수능시험을 대학들이 받아들여야 한다는 규정도 그대로다. 그저 평가 방식이 조금 거칠어졌을 따름이다.

이렇듯 작은 혁신이 도입되면, 영향도 작은 것이 상례다. 그러나 실제로는 엄청난 혼란과 비용이 나왔다.

2

이와 같은 현상은 본질적으로 입시체계가 잘못 설계된 데서 나왔다. 많은 수험생들의 능력을 평가하는 일은 무척 큰 사업이어서, 갖가지 사고들이 나게 마련이다. 문제는 그 사업이 하나의 통합된 단위로 이루어진다는 점이다. 자연히, 작은 사고도 모든 수험생들에게 큰 영향을 미친다.

이에 대한 대책은 큰 사업을 잘게 나누는 것이다. 이른바 '모듈을 단위로 삼는 방안modularization'이다. 이 방안의 전형은 위계 조직hierarchy이니, 구성원들 몇이 과를 이루고 과들 몇이 부를 이루고 부들 몇이 본부를 이루고 본부들 몇이 기업을 이루는 식이다.

이런 방안에서 단위들은 내부 결속력이 크면서도 다른 단위들로부터는 상당한 독립성을 지닌다. 따라서 한 단위에서 일어난 변화의 영향이 전체 조직으로 파급되는 경우가 드물고 영향도 작다. 당연히, 조직이 안정적이다. 갖가지 사회 조직들이 본질적으로 위계 조직을 이루는 까닭이 거기 있다.

우리 몸도 그런 식으로 이루어졌으니, 세포들이 모여 기관을 이루고 기관들이 모여 몸을 이룬다. 세포들과 기관들은 서로 상당히 독립적으로 움직인다. 덕분에, 우리는 몸의 병든 기관을, 예컨대 간이나 심장을 수술하고, 심지어 다른 것으로 바꾸고도 살 수 있다. 만일 기관들이 상당 부분 독립적이지 않다면, 한 기관의 병은 이내 사망으로 이어질 것이다.

실은 우리 마음도 모듈들로 이루어졌다. 마음의 바탕인 뇌는 '만능 컴퓨터'가 아니고 특수한 기능을 지닌 모듈들의 모임이다. 뇌의 특정 부위가 손상되면, 그곳에서 관장하는 기능들은 없어지지만, 뇌의 나머지 부분들은 정상적으로 작동한다. 그래서 우리의 판단들과 행위들도 모두 모듈들로 이루어졌다.

우리 교육체계에서 기본 모듈은 학교다. 학교들이 모여 초·중·고등교육 계층을 이루고, 다시 그런 계층들이 교육체계를 이룬다. 따라서 교육체계는 원래 어지간한 충격은 흡수할 수 있는 구조를 지녔다. 학교들의 자율성을 일부러 억제하고 획일적 체계로 만들려는 정부의 시도가 갖가지 문제들을 낳고 영향력을 엄청나게 증폭시킨 것이다.

3

당장 할 일은 대학들이 입시를 관장하도록 하는 것이다. 그리 되면, 등급제와 같은 시행착오들의 영향은 해당 학교에만 국한될 터이다. 대학이 비교적 자유를 누렸던 1960년대까지만 하더라도, 입시에서 이런 혼란과 사회적 비용이 나오지 않았다는 사실이 그런 추론을 떠받친다.

모듈들로 이루어진 체계는 또 하나 큰 장점을 지녔다. 하나로 통합된 체계는 서로 지나치게 밀접한 유기적 관계를 지녀서, 한 부분의 아주 작은 변화도 체계 전체에 큰 영향을 미칠 수밖에 없다. 그래서 실험과 혁신이 무척 어렵다. 이미 우리는 그 점을 경직된 공산주의 체제에서 확인했다. 중앙 경제 부서에서 세운 계획에 작은 차질이라도 생기면, 그 영향은 온 경제에 미쳐서 생산성이 크게 떨어진다. 모듈들로 이루어진 체계에서는 모듈마다 그 나름의 실험과 진화가 가능하다.

대학들이 입시를 관장하게 된다면, 대학마다 나름으로 실험과 혁신을 통해 빠르게 바뀌는 환경에 적응할 수 있을 것이다. 정부가 교육을 획일적으로 통제하면서 시시콜콜 간섭하는 현행 체계에서는 이번 파동과 같은 문제들이 계속 나올 수밖에 없다. 근본적 해결은 그런 교육체계를 허물고 교육의 수요자들인 학생들이 자유롭게 학교를 선택할 수 있게 하는 '교육 시장의 자유화'지만, 당장엔 입시만이라도 학교에 권한을 되돌려주는 방안이 문제들을 줄일 것이다.

학력 위조를 줄이는 길

1

미술 전문가 한 사람의 추문으로 시작된 학력 위조 파문이 빠르게 커져 사회적 문제가 되었다. 학력을 속였다고 고백하는 사람들이 늘어나면서, 우리 사회에서 학력 위조가 지금까지 알려진 것보다 훨씬 널리 퍼졌다는 점이 드러났다. 정부가 대책을 마련해야 한다는 목소리가 높아졌고, 마침내 경찰과 검찰이 수사에 나섰다.

많은 사람들이 학력을 지나치게 높이 여기는 사회 풍토를 문제의 뿌리라고 지적한다. 맞는 얘기다. 그러나 깊은 관찰이라고 할 수는 없다. 위조는 당연히 가치 있는 것들에 대해 행해진다.

그런 진단은 처방의 근거로도 쓸모가 적다. 우리가 어떤 조치를 취한다 해도 그것은 보다 높은 학력을 가지려는 노력에 별 영향을 미치지 못할 것이고, 학력에 의존해 사람을 평가하는 관행도 바꾸지 못할 것이다.

교육기구들의 본질적 기능은 학생들을 가르치는 것이다. 현실적으로는 그런 가르침이 이루어졌다는 것을 증명하는 '자격부여 기능credentialing function'도 중요하다. 냉소적인 사람들은 그것이 가장 중요한 기능이라고 말할 것이다.

자격부여 기능이 그리도 중요한 까닭은 그것이 정보비용을 크게 줄인다는 사실 때문이다. 학위라는 자격과 그것을 증명하는 서류가 없으면, 사람의 능력과 전문성을 평가하는 데 큰 자원이 들 터이다.

2

자격부여 기능이 그런 사회적 기능을 지녔으므로, 자격의 신빙성을 해치는 일은 사회의 효율을 낮춘다. 당연히, 학력 위조를 줄여서 그 신빙성을 높이는 일은 크게 바람직하다.

이 문제에 대처하는 데 있어 자칫 과도한 반응이 보기보다 위험할 수 있다는 점을 먼저 인식해야 한다. 다른 일과 마찬가지로, 이 일도 비용과 혜택을 따지는 것이 긴요하다. 그래서 학위의 신빙성을 높이는 데 비용을 들이기보다 그렇게 했을 때 나오는 혜택이 크도록 해야 한다. 많은 자원이 드는 엄격한 규정들로 학력 위조가 아예 나오지 않도록 하겠다고 나서는 것은 혜택보다 비용이 훨씬 커서 아무런 조치를 하지 않는 것보다 못하다. 학력 위조는 사소하지만 없애기는 무척 어려운 사회악들에 속한다.

위조는 늘 나오게 마련이다. 성공은 모방자들을 부른다. 그것은 성공할 확률이 높은 전략이어서, 독 없는 뱀이 맹독을 가진 뱀과 흡사한 무늬를 띠는 것처럼, 자연에서 흔히 볼 수 있는 현상이다. 학력을 속이는 것이 자신에게 유리할 경우, 그렇게 하는 사람들은 늘 나온다.

어느 사회에서나, 학력이 높을수록, 더 나은 대우를 받는다. 좋은 일자리를 얻고, 보수도 많고, 사회적으로 나은 대접을 받는다. 원래 능력이 많은 사람들이 좋은 상급 학교에 갔을 터이니, 그런 대우가 능력을 반영하는 면도 있지만, 능력을 떠나 높은 학력과 좋은 학교가 대우에 영향을 미치는 면도 분명히 있다. 이번에 한국개발연구원KDI이 밝힌 바에 따르면, 1994년 대학 입학자들의 경우, 상위 1~5위 대학 졸업자들의 월 평균 임금은 233만 원으로 6~10위 대학 졸업자들의 178만 원보다 크게 높았다. 학력 위조의 혜택은 일단 크다고 할 수 있다.

3

따라서 현실적인 대책은 학력 위조의 혜택보다 비용이 훨씬 크도록 사회 환경을 바꾸는 것이다. 한편으로는 학력을 지나치게 높이 여기는 풍토를 바꾸어 학력 위조의 혜택을 줄이고, 다른 편으로는 위조가 발각될 가능성을 높여 많은 비용이 들도록 해야 한다.

학력을 지나치게 높이 여기는 풍조는 짧은 시일 내에 바뀔 수 없다. 학력이 한 사람의 능력과 전문지식을 가장 적은 비용으로 가장 정확하게 짐작하는 지표이므로, 앞으로도 학력에 크게 의존해 그 능력을 평가할 수밖에 없다. 우리 사회가 실력이나 경력보다 학력을 상대적으로 높이 평가하는 것은 분명하지만, 당장 그것을 바꾸기는 어렵다.

사정을 특히 어렵게 만드는 것은 학력을 높이 여기는 풍조가 사회에 널리, 또 깊이 배어 있다는 사실이다. 그런 풍조는 우리 전통 사회에서 유래한 부분이 크다. 우리 사회는 지배계급이 권력을 독점하고 엄격한 신분제를 통해서 그것을 유지해왔다. 그런 권력의 독점은 교육과 지식의 독점을 핵심 요소로 삼았다. 과거(科擧)는 천년 동안 우리 사회의 궁극적 자격부여 과정이었다. 그것은 교육의 완성을 뜻했고 높은 신분을 보장했다. 이렇듯 과거가 신분 유지에 결정적인 요건으로 떠오르자 교육의 성과를 인증하는 과정이라는 과거 본래의 성격은 사라지고 급제 자체가 목표가 되었다.

그런 전통은 일본의 식민지 시기의 '고등문관 시험'을 통해서 유지되었고, 해방 뒤에도 줄곧 '고시 열풍'으로 생기를 이어왔다. 요즈음에도 많은 젊은이들이 국가고시들에 합격하기 위해 애쓰는 터라, 가까운 장래에 학위를 비롯한 갖가지 자격증들을 높이 평가하는 풍조는 쉽게 바뀌지 않을 것이다.

4

이처럼 학력 위조의 혜택을 실질적으로 줄이는 길은 마땅치 않다. 반면에, 학력 위조의 비용을 높이는 것은 그리 어렵지 않다.

이번 추문에서 이내 눈에 띄는 패턴은 당사자들이 거의 다 예술이나 그와 연관된 분야들에 종사한다는 사실과, 추문의 뿌리가 대개 대학의 교수 임용 과정이었다는 사실이다. 이런 사실들이 가리키는 것은 대학에서, 특히 예술 분야에서 학력 위조의 혜택이 유난히 큰 반면, 비용은 아주 적게 든다는 점이다. 이것은 결코 우연이 아니다.

우리 사회에서 대학들은, 일반 기업들과는 달리, 극심한 경쟁에서 면제된다. 정부가 인위적으로 만든 교육 배급체계 덕분에 대학들은 최소한의 생존이 보장된다. 시장경제를 원리로 하는 사회이지만, 교육에 관한 한, 소비자들인 학생들과 학부모들은 선택권이 거의 없다. 여유 있는 소비자들만이 외국 대학들을 고를 수 있을 따름이다. 그래서 명령경제 체제에서처럼, 그들은 정부가 강요한 품질 낮은 교육만을 소비하게 된다. 공급이 소비를 앞질러도, 교육은 여전히 판매자 시장이다.

사정이 그러하니, 대학들은 혁신을 통해서 생산성과 경쟁력을 높일 마음이 나지 않는다. 대학은 실질적으로는 모두 대기업들이지만, 그들의 조직은 원시적이고 관행은 더욱 원시적이다. 외국 대학들의 국내 진입이 원천적으로 봉쇄된 데다 자유로운 시장에서 경쟁을 하지 않으니, 원시적인 조직과 관행들을 지니고도 그럭저럭 생존할 수 있다.

자연히, 대학들은 교수들을 뽑는 과정에 소홀하다. 모든 기업들은 잘 안다, 자신의 생존과 성장이 좋은 종업원들을 뽑는 데 달려 있음을. 그래서 많은 자원을 들여 좋은 사람들을 뽑은 다음, 열심히 훈련을 시켜서 생산성이 높은 종업원들로 만든다. 좋은 다국적 기업들이 임원을 뽑기 전에 몇십 번 면담하고 여러 달 관찰하는 일은 드물지 않다. 그런 기업들이 중요한 종업원들을 정실 인사로 뽑고, 그나마 그들의 학력조차 제대로 조회하지 않으며, 그저 학위 증명서의 사본을 받아두는 것으로 일을 끝내는 상황을 상상할 수 있겠는가?

대학은 본질적으로 교수들이라는 종업원들이 학생들이라는 소비자들에게 지식이라는 제품을 파는 기업이다. 당연히, 교수들은 대학의 가장 소중한 자산이다. 그들의 능력과 지식에 대학의 운명이 달려 있다.

대학들이 이토록 중요한 교수들의 자질에 대해 그리도 소홀하다는 사실은, 그들 사이에 경쟁이 거의 없다는 사실로써만 설명이 될 수 있다. 그들은 그들의 제품과 관련하여 소비자들의 항의를 거의 받지 않는다. 그래서 교수들을 뽑는 데도 가장 나은 사람들을 뽑는 대신 부패한 관행들을 따를 여유가 있다. 이런 행태가 교수들의 능력과 그들이 만들어내는 제품의 객관적 평가가 상대적으로 어려운 예술과 운동 분야에서 특히 두드러지리라고 우리는 예측할 수 있다.

만일 대학들이 자신들의 경쟁력에 대해서 깊이 마음 쓰게 된다면, 그들은 당연히 좋은 교수들을 뽑으려 애쓰게 될 것이다. 아울러, 이름난 브랜드의 평판을 지키려 애쓰는 기업들처럼, 학교의 평판을 지키고자 자신들의 졸업생이라고 거짓말하는 사람들을 가려내는 데 힘을 쏟게 될 것이다. 이렇게 되면, 학력 위조가 성공할 가능성은 크게 줄어들 것이다.

5

이렇게 대학을 바꾸는 길은 교육 산업을 지금까지의 실질적인 명령경제 체제에서 시장경제 체제로 돌리는 길뿐이다. 교육의 소비자들인 학생들과 학부모들에게 선택권을 주어 대학들이 서로 경쟁하도록 하는 길뿐이다.

정부의 비합리적인 간섭과 통제로 인해 기형적 구조를 지닌 우리 교육 산업을 개혁하는 길은 교육 산업을 자유화하는 것이다. 지금 우리 사회에서 이 일보다 더 시급하고 중요한 과제는 드물다. 이제 우리는 그것이 학력 위조라는 문제에 대한 근본적 대책임을 깨닫게 된다. 애초에 학력 위조에 좋은 터전을 마련해준 것이 정부의 통제 아래 보호받은 대학들이었으므로, 교육 시장의 자유화가 그런 부작용을 걷어내는 길이라는 사실은 조금도 이상하지 않다.

영웅을 묻으며

1

2006년 11월 20일, 조창호(趙昌浩) 예비역 중위가 별세했다. 우리의 진정한 영웅 한 사람이 죽은 것이다.

6·25 전쟁이 나자, 연희대 학생이었던 그는 자원입대했다. 육군 본부 직속 포병 101대대 관측 장교로 복무하다, 1951년 8월 강원도 인제에서 중공군의 포로가 됐다.

그가 참가한 마지막 전투는 1951년 7월 9일에서 11월 27일까지 이어진 '유엔군 하계-추계 공세'의 일환이었다. 그 전투는 아군이 강원도 인제의 분지인 '펀치 볼Punch Bowl'을 지키려는 목적에서 시도되었는데, 미군의 제8군 휘하 제10군단과 국군 제1군단이 거기 참가했다. 전투가 워낙 치열해서, '피의

능선Bloody Ridge'과 '단장의 능선Heartbreak Ridge'과 같은
아픈 이름들이 그때 태어났다.

2

적군의 포로가 된 그는 북한 인민군에 강제 편입되었다. 그
러나 그는 탈출을 시도했고 다시 붙잡혀서 13년 형을 선고받아
복역했다. 이어 1964년에서 1977년까지 광산에서 강제 노역을
했다. 1994년 10월, 마침내 그는 중국으로 탈출해서 인천에 도
착했다. 이어 중위로 전역한 뒤, '6·25 참전 국군 포로 가족
모임'의 명예 대표가 되어 북한에 남아 있는 국군 포로들을 구
출하는 일에 힘을 쏟았다.

국방부가 전사자로 처리했던 그가 돌아와 병상에서 국방부
장관에게 "육군 소위 조창호, 군번 212966, 무사히 돌아와 장
관님께 귀환 신고합니다"라고 말했을 때, 뜻 있는 시민들은 속
으로 울었다. 반가움에, 그리고 부끄러움에. 그리고 아직도 몇
백 명의 국군 포로들이 북한에서 어렵게 살고 있다는 사실 앞에
무력한 분노를 느꼈다.

3

이제 우리는 그 영웅을 묻는다. 국군장도 아니고, 육군장도 아니고, 이름조차 낯선 '향군장'으로. 재향군인회는 규모도 크고 공적 성격을 짙게 띠는 조직이다. 그래도 대한민국 국군의 공식 기구는 아니다. 대통령은 말할 것도 없고 국방장관도 현역 장군들도 참석하지 않은 영결식에 예비역들만 참석해서 영웅의 죽음을 안타까워했다.

이럴 수가 있는가? 죽음과 여러 번 맞선 전쟁 영웅에 대한 이 초라한 대우가 가슴을 저리게 한다. 안타까움으로, 그리고 부끄러움으로. 그 초라한 장례에 우리의 참된 모습이 비친다. 우리는 영웅을 동료 시민으로 가질 도덕적 자격이 없는 사람들이다.

1차 세계대전의 '갈리폴리 전투'에 참가했던 마지막 노병 앨렉 캠벌이 103세로 죽었을 때, 호주 전역에는 반기(半旗)가 내걸렸고, 그의 국장에 참가하기 위해 호주 수상은 중국 방문 일정을 단축해서 귀국했다. 영웅들을 기리지 않는 사회의 앞날이 어떻게 밝을 수 있겠는가?

4

전역식에서 상관에게 경례한 그의 사진을 보면서, 나는 속으로 찰스 울프Charles Wolfe의 「코루나에서의 존 무어 경의 매장The Burial of Sir John Moore at Corunna」을 본다.

북소리 하나, 장례 곡조 하나 들리지 않았다
우리가 그의 주검을 급히 보루로 나르는 동안
어떤 병사도 작별 사격을 하지 않았다
우리가 우리의 영웅을 묻은 무덤 위에서.[2]

영웅도 때로는 초라한 의식 속에 묻힌다. 19세기 초엽 영불 전쟁에서 포르투갈 원정군 사령관으로 어려운 퇴각 작전을 잘 수행한 뒤 전사한 존 무어처럼. 전황이 급박하면, 어쩔 수 없다. 그러나 대통령이 스스로 치적을 자랑하고 "내가 잘못한 것이 하나라도 있으면, 말해보라"고 당당히 요구하는 태평성대에 영웅을 그렇게 초라하게 묻는 것은 다르다.

하기야 영웅은 그런 대우를 개의치 않을 것이다. 곧고 힘찬 영웅의 삶에 의식의 화려함이 무엇을 더하겠는가? 세월에 썩지 않는 영광이 그의 무덤을 지키리라.

우리는 비명(碑銘) 한 줄 새기지 않았고 비석 하나 세우지 않았다—

다만 그에게 자신의 영광을 오롯이 남겨놓았다.[3]

무임승차자들의 환상

1

2007년 6월의 침묵은 귀를 먹먹하게 했다. 6월을 기념하는 목소리들은 주로 '6·10 민주항쟁'이란 폄하적 이름으로 불리는 '6월 혁명'과 남북한 정상회담에서 나온 '6·15 공동선언'에 관한 것들이었다. 6월의 가장 중요한 역사적 사건인 '6·25 전쟁'을 기억하는 사람들은 드물었다. "아아, 잊으랴. 어찌 우리 이 날을……"로 시작되는 노래를 부끄러움과 서글픔으로 떠올린 사람들은 더욱 드물었다. 미국 사람들이 "잊혀진 전쟁The Forgotten War"이라 부른 전쟁이, 이제 이 땅에서도 잊혀진 것이다.

이런 집단적 망각은 심각하다. 여론 조사에 따르면, 젊은이들은 대부분 6·25 전쟁이 일어난 해조차 모른다고 한다.

2

문제를 더욱 심각하게 만드는 것은 그런 망각이 자연스럽다고 부추기고 전쟁의 기억을 되살리려는 노력을 '냉전의 유물'이라 비난하는 지식인들이 많다는 사실이다. 자신을 "온건한 합리주의자"로 소개한 어떤 정치학자는 이렇게 말했다. "나이 든 세대는 젊은 세대가 6·25 전쟁이 일어난 해를 모른다고 호들갑을 떤다. 나는 그들에게 묻고 싶다, '당신들은 반세기 이전에 일어난 사건들을 기억하느냐.' 젊은 세대가 반세기 이전에 일어난 사건을 기억하지 못하는 것은 당연하다."

언뜻 듣기에 그럴듯한 이 주장은, "온건한 합리주의자"로 자처하는 지식인들이 내놓는 다른 주장들과 마찬가지로, 근본적으로 그르다. 사람들은 역사의 중요한 사건들 가운데 자신들의 삶에 아직 영향을 미치는 것들을 기억한다. 6·25 전쟁은 우리 모두의 삶에 아직도 직접적으로 영향을 미치는 사건이다. 휴전 뒤에도 북한은 줄곧 우리를 위협해왔고, 북한과의 평화로운 관계는 아직도 요원하다. 우리는 당연히 6·25 전쟁을 기억하고, 그 비참한 전쟁에서 우리가 얻은 교훈들을 새겨야 한다.

"온건한 합리주의자"들이 놓치는 것은 북한 정권이 결코 그들의 공격적 태도를 버리지 않으리라는 사실이다. 만일 공세적 태도를 버리면, 북한의 더할 나위 없이 사악하고 압제적인 정권은 이내 무너질 것이다.

3

지금 북한에 대해 취하는 태도에서 비롯된 우리 사회의 '남남 (南南) 갈등'은 심각한 문제다. 적어도 세 가지 점들에서 두 진영은 다르다.

첫째는 전체주의의 사악함에 대한 태도다. 공산주의와 민족사회주의와 같은 전체주의가 본질적으로 사악하다는 점은 이미 이론상으로나 경험상으로 충분히 증명되었다. 전체주의가 사악하다는 사실을 인식하는 것은 그것을 이해하는 바탕이 된다. 강렬한 도덕심이 없으면, 전체주의의 본질과 그것이 제기하는 위협을 제대로 깨달을 수 없다. 처칠이나 레이건과 같은 자유주의 지도자들이 전체주의의 본질과 위협을 먼저 깨달아 그것에 맞설 수 있었던 것은 그들의 강렬한 도덕심 덕분이었다. 진화 생물학의 성과가 보여주는 것처럼, 모든 판단들의 바탕에는 도덕심이 있다.

북한의 전체주의 체제가 불러온 재앙과 고통에 대해 분노하지 않는 것은 도덕심의 부족과 판단의 마비를 뜻한다. 전체주의 체제와 같은 거대한 악은 "현실적 접근"이나 "실용적 정책"과 같은 것들로 이해할 수 없다. 아리스토텔레스의 말대로, "분노해야 할 것들에 대해서 분노하지 않는 사람들은 바보들로 여겨진다."

둘째, 전체주의의 공격성에 대한 태도다. 전체주의의 여러 특질들 가운데 하나는 영구적 공격성이다. 그것은 다른 이념들이나 집단들과의 공존을 거부하고 늘 공격한다. 만일 어떤 전체주의 체제가 공격적 태도를 버리면, 그것은 이내 운동량을 잃고 무너질 것이다. 따라서 그 누구도 전체주의와 평화적 공존을 이룰 수 없다.

전체주의의 공격성은 그 대척점인 자유주의에 대해서 특히 격렬하다. 전체주의 정권에게는 번영하는 자유주의 사회 자체가 자신의 존속에 영구적 위협이 된다. 시민들이 자유롭게 잘 사는 사회의 존재는 전체주의자들에게 자신의 이념이 그르고 자신의 통치에 도덕적·정치적 권위가 없다는 사실을 늘 일깨워준다. 공산주의 세력에 대한 성공적 봉쇄정책을 처음 제안했던 조지 케넌George Kennan이 지적한 대로, 공산주의 국가 러시아가 자유주의 국가 미국에 대해 그리도 적대적이었던 까닭은 미국이 러시아에 행한 일들 때문이 아니라 자유롭고 번창한 사회였다는 사실에서 비롯되었다.

같은 민족으로 이루어진 데다 바로 이웃에 자리하고 있는 경우라면, 공격적 태도가 특히 두드러질 수밖에 없다. 지금 북한 정권에게는 우리의 존재 자체가 더할 나위 없이 못마땅하고 위험한 것이다. 북한 정권이 남한에 대해 그리도 짙은 증오와 경멸을 드러내는 것은 우리의 존재 자체가 그들에게는 '살아 있는 질책'이기 때문이다.

셋째, 유화정책의 효과에 대한 인식이다. "햇볕정책"과 같은 유화정책은 부질없다. 그것은 필연적으로 실패한다. 자신의 공격적 자세가 상대방의 양보를 불러오는데, 왜 공격적 자세를 버리겠는가? 상대의 유화적 태도와 간절한 호소에 마음이 움직여서 태도를 바꿀 만한 정권이라면, 애초에 공격적 자세를 고르지도 않았을 것이다.

게다가 유화정책은 보기보다 위험하니, 그것은 전쟁의 위험을 줄이는 것이 아니라 오히려 늘린다. 자신의 공격적 자세가 상대방의 양보를 불러오면, 그 나라는 한 걸음 더 나아가도 상대방이 물러나리라고 여기게 되어, 마침내 물러날 수 없는 지경까지 상대방을 밀어붙이게 된다.

역사는 그 점을 잘 보여준다. 중국 전국시대의 '연횡설'에서부터 1938년의 악명 높은 '뮌헨 회담'에 이르기까지, 유화정책은 늘 실패했고 궁극적으로 화를 불렀다. 김영삼 정권 이래 남한의 정권들은 북한에 대해 줄곧 유화정책을 펴왔으나, 그 결과는 북한의 핵무기 개발이었다.

위에서 든 세 가지 사실들은 북한 문제를 이해하는 데 근본적 중요성을 지녔다. 여기서 나오는 인식의 차이가 바로 '남남 갈등'의 뿌리다.

4

우리와 북한이 평화롭게 공존할 수 있다고 믿는 사람들도 북한의 이념적·군사적 공격으로부터 스스로를 지킬 능력이 필요하다고 믿을 것이다. 사실 그들은 우리가 북한보다 이념적으로나 군사적으로 우월하다는 점을 즐겨 지적한다. 따라서 그들은 자신들이 본질적으로 무임승차자들임을 인정하는 셈이다.

무임승차자들은 다른 사람들이 생산한 공공재들을 그냥 이용하는 사람들이다. 문제는 지금 우리 사회에 '안보'라 불리는 공공재를 생산하는 사람들이 점점 줄어드는 반면, 무임승차자들은 점점 늘어난다는 사실이다. "온건한 합리주의자"들은 그들이 혐오하고 경멸하는 "극우파"가 '안보'라는 공공재를 계속 충분히 생산하리라고, 그리고 자신들은 그것을 그냥 이용할 수 있으리라고 믿는다.

그러나 사정은 그들의 생각처럼 낙관적이지 못하다. 한나라당이 새로 내놓은 대북한정책은 이 점을 새삼 일깨워주었다. 북한의 위협에 대해 현실적인 대응을 주장해온 한나라당은 이번에 좌파 정권들의 "햇볕정책"을 그대로 받아들였을 뿐 아니라 오히려 더 유화적인 내용을 담았다. 이제 우리 사회의 안보를 생산해낼 사람들은 어디 있는가?

무임승차자들이 너무 많을 때 나올 수 있는 상황은 자명하다. 그들의 치명적 환상은 그런 상황이 결코 나오지 않으리라고 믿는 것이다.

국방의 민영화

1

자이툰 부대의 이라크 주둔 연장에 찬성한 이명박 후보에게 "한국군이 세계 용병의 공급원이 돼도 좋으냐"라고 힐문했던 정동영 후보가 사과했다. 이라크 전쟁의 내력과 성격, 이라크 정부의 정통성, 이슬람 근본주의 테러 세력의 사악함, 산유국으로서의 이라크의 중요성, 국제사회의 일원으로서 우리의 임무와 같은 사항들을 제대로 살폈다면, 그런 발언이 나올 수 없었다.

여당 후보로서 대통령에 당선될 가능성이 높은 정 후보가 실언을 거듭하는 것도 걱정스럽다. 그런 실언들이 으레 적대적 감정을 드러내는 과정에서 나온다는 점은 걱정을 크게 한다.

가장 염려스러운 것은 정 후보의 "용병" 발언이 국방에 대한 비현실적 견해를 드러냈다는 점이다. 북한의 군사적 위협이 점점 커지는데 우리의 대응력은 오히려 줄어든다는 사실에 대해 고뇌하는 모습이 그에게서는 보이지 않는다. 위험한 수준으로 낮아진 우리 국방 능력을 걱정하는 정치 지도자라면, 정치적 계산이 앞서는 선거 운동에서도 차마 "용병"이란 말을 입 밖에 내지 못했을 터이다.

2

일반적으로 용병은 좋은 평가를 받지 못한다. 더군다나 사회주의 이념에 젖어 북한체제를 동경하면서 우리 군대를 "양키의 용병"이라고 매도한 세대에게 용병은 가장 큰 욕설로 여겨질 터이다. 그러나 역사적 증거들을 살피고 용병의 성격을 찬찬히 성찰하면, 그 평가는 달라진다.

우리 사회의 구성 원리인 자유주의의 관점에서 살피면, 개인들의 의사를 묻지 않고 징집하는 징병제는 좋은 제도가 아니다. 바람직한 것은 스스로 참여한 군인들로 이루어진 군대다. 지원병들로 이루어졌다는 점에서 용병은 일단 자유주의에 적합하다.

용병의 역사는 오래되었다. 고대 문명의 발전으로 국가들이 출현하고 전쟁의 규모가 커지면서, 바로 용병이 나타난 것으로 보인다. 기록에 남아 있는 최초의 용병은 기원전 13세기 이집트의 파라오 람세스 2세가 고용한 외국인 병사들이다. 그는 무려 1만 1,000명의 용병을 써서 전쟁을 치렀고, 그 뒤로 이집트에서는 용병이 정규적으로 이용되었다.

고대에서 가장 유명한 용병은 크세노폰의 『원정 *Anabasis*』에 나오는 그리스 병사들이다. 1만 명의 그리스 병사들이 페르시아 내전에 참가했다가 돌아온 과정을, 어려운 퇴각 과정에서 지휘관으로 뽑힌 크세노폰이 기술했다. 그 뒤로 카르타고와 쇠퇴기의 로마가 용병을 군대의 주력으로 삼았다.

민족국가들이 출현하기 전인 중세 서양에서도 용병의 활약이 컸다. 계약에 따라 복무하는 용병들은 "자유로운 병사 free lance"들이라 불렸고, 그 이름이 이어져 현대에는 특정 조직에 고용되지 않은 전문 직업인들을 가리키게 되었다. 스위스와 독일, 아일랜드는 당시 많은 용병들을 공급했다.

용병을 아주 바람직한 군대라고 하기는 어렵다. 돈을 받고 대신 싸우는 터라, 제어하기 힘들다. 용병들에게 계약대로 돈을 지불하지 못한 도시국가들이 오히려 그들에게 약탈을 당하는 일도 비일비재했다. 가장 자연스럽고 문제가 적은 군대는 자기 가족과 재산을 지키려고 스스로 모인 시민군이다.

그러나 힘이 약한 나라에서 용병은 스스로를 지키는 중요한 수단이었다. 교황청을 포함한 모든 도시국가들이 용병을 고용했던 중세 이탈리아에서 이 점이 잘 드러난다. 존 호크우드 John Hawkwood는 영국인 용병들로 이루어진 "백색 중대 White

Company"를 이끈 인물로, 14세기 말엽 영토를 확장하던 밀라노에 맞서 피렌체 군을 이끌었고, 피렌체의 시민들은 그를 독립을 지켜준 은인으로 기렸다.

3

강력한 민족국가의 출현으로 용병이 활약할 틈새는 아주 작아졌다. 현대에서는 영국의 구르카 부대와 프랑스의 외인부대 Legion d'Etrangere가 정규군의 한 부분으로 활약했다.

이제 용병은 '사적군사회사private military company'의 모습을 띤다. 정부와 계약을 맺고 병참 지원, 무기 구매, 모병, 훈련, 정보 수집과 같은 기능들을 수행하는 기업이다. 이라크 전쟁에서 활동하는 사적군사회사 요원들의 수가 미군들의 수와 비슷하다는 사실이 가리키듯, 사적군사회사는 현대 군대에서 중요한 역할을 담당한다.

오늘날 용병이 나쁜 평판을 얻게 된 것은 벨기에 광산 자본의 사주로 카탕가가 콩고에서 떨어져 나오면서 일어난 1960년대의 콩고 내전에서였다. 당시 유럽의 용병들은 카탕가를 지원했다. 그 내전에 참가했고 뒤에 용병 지휘관으로 이름을 날린 봅 드나르Bob Denard가 지난 2007년 10월 13일에 사망한 것은, 용병의 역사에서 한 시기가 끝나고 새로운 시기가 왔음을 새삼 일깨워준다. 용병도 진화한 것이다.

사회가 발전할수록 징병제는 더욱 유지하기 힘들다. 그래서 지원병들로 이루어진 군대로 변모한다. 미국은 징병제에서 모병제로 성공적으로 전환한 경우다. 그와 같은 논리는 국방의 민영화로 이어진다. 사적군사회사가 국방의 큰 부분을 맡는 것은 그래서 논리적이고 현실적이다. 외국인 용병의 고용도 민영화의 한 부분이 된다.

이제 우리 사회에서도 현실적인 국방체제에 관한 논의가 활발하게 나와야 한다. 미래의 우리 군대는 내국인 지원병들이 주력이 되고, 외국인 용병들이 보조하고, 사적군사회사들이 지원하는 모습을 띠는 것이 바람직할 것이다.

경제가 워낙 어렵다 보니, 이번 대통령 선거에서는 후보들의 경제정책이 논의의 핵심이 되었다. 안보에 관한 공약도 드물었고, 그에 관한 논의도 전혀 나오지 않았다. 경제는 물론 중요하다. 그러나 안보는 더욱 중요하다. 정 후보의 실언이 불러온 파문이 그저 한 차례 소동으로 끝나는 것은 그래서 아쉽다. 보다 진지한 논의의 계기가 되기를 기대해본다.

국가 면역체계의 복구

1

제2차 남북정상회담에서 김정일 국방위원장과 악수하는 우리 국방장관과 국가정보원장의 대조적인 자세가 화제로 떠올랐다. 남북한 사이의 미묘한 관계가 문득 드러난 듯해서, 곰곰 음미할 만한 장면이었다.

그러나 그 장면에서 정작 두드러진 것은 외무장관이 거기 없고, 대신 국가정보원장이 있었다는 점이다. 외교는 세계적 영향을 고려해야 하므로, 남북한 관계를 주관하는 통일부의 존재에도 불구하고, 정상회담의 주무 부처는 외무부다. 따라서 그 장면에 적절한 물음은 "외무장관이 할 일들을 국가정보원장이 대신 하는 것이 과연 합당한가"였다.

2

우리의 안전을 위협하는 가장 큰 세력은 물론 북한이다. 국가정보원장의 핵심적 임무는 북한의 간첩들을 잡아서 나라를 지키고, 북한에 관한 정보들을 모아 그들의 능력과 의도를 알아내어 대통령의 판단을 돕는 것이다. 북한 사람들과 정치적으로 어울리는 일은 일단 그의 직책과 맞지 않다.

그가 대통령을 수행해서 평양에 가게 된 직접적 연유는 정상회담을 주선하려고 북한 사람들과 어울렸다는 사정 때문이다. 우리 정보기관의 책임자가 북한 사람들과 그렇게 어울리는 전통은, 실은 박정희 정권에서 시작되었다. 아마도 현실적 조건들이 그런 전통을 자연스럽게 만들었을 터이다.

그래도 그런 행태는 적절하지 않다. 정상회담의 주선은, 비밀스럽게 이루어지든 공개적으로 진행되든, 외교관들의 몫이다. 그리고 박정희 정권 시절과 지금은 상황이 본질적으로 다르다. 1970년대는 남북한 사이의 대립이 격심했고 불신이 깊었던 시절이었다. 따라서 박 대통령이 중앙정보부장을 밀사로 평양에 보낸 것은 자신의 제의가 진정함을 보이려는 선택이었다. 지금은 국가정보원장이 나설 필요가 전혀 없다.

또 하나 다른 점은 북한의 공작에 대한 우리의 대비다. 1972년에는 나라를 지키는 기구들이 제대로 움직였고, 북한에 대한 시민들의 경각심 또한 높았다. 그래서 중앙정보부장의 평양 방문이 우리의 대비를 약화시키리라고 걱정하는 시민들은 없었다. 7월 4일 '남북공동성명'이 나온 지 사흘 뒤에 박 대통령은 반공교육을 강화하라고 국무회의에서 지시했다.

"간첩 잡았다는 얘기 들어본 지 오래다"라는 말이 가리키듯, 요즈음 우리 정보기구들은 실질적으로 사라졌다. 간첩 잡는 부서들에서 일한 정보 요원들은 홀대를 받았다. 그리고 정치 지도자가 앞장서서 북한을 경계하는 사람들을 "냉전·수구 세력"이라고 비난한다. 당연히, 북한에 대한 시민들의 경각심도 많이 사라졌다. 사정이 그러하므로, 국가정보원장의 행태는 시민들에게 그릇된 전언을 암시할 것이다.

3

이런 씁쓸한 생각은 국가 방어기구들을 복구하는 일이 시급하다는 생각으로 이어진다. 동물들은 모두 면역체계를 지녔다. 그것이 없으면, 어떤 동물도 살아남을 수 없다. 나라도 마찬가지다. 외국의 첩자들을 잡는 국가적 면역체계는 생존에 필수적이다.

지난 10년 동안 우리의 국가적 면역체계는 실질적으로 사라졌다. 곧 들어설 새 정권은 면역체계의 복구를 서둘러야 한다.

안타깝게도, 한번 무너지면, 면역체계는, 유기체의 경우든 국가의 경우든, 복구하기가 쉽지 않다.

정보 업무는 아주 특수한 활동이다. 특별히 훈련된 요원들에 의해 비밀스럽게 수행된다. 그래서 규정하기 어렵고 통제하기는 더욱 어렵고 평가하기는 더더욱 어렵다. 이런 사정은 국제법에 첩보 활동espionage에 관한 조항이 전혀 없다는 사실에서도 알 수 있다. 당연히, 정보기구들을 복구하는 일은 더딜뿐더러 많은 자원이 소요될 것이다.

보다 큰 장애는 정치적 의지의 부족이다. 한반도에도 냉전이 끝나고 평화가 왔다는 좌파 정권들의 선전에, 많은 시민들이 모르는 새 북한에 대한 경각심을 잃었다. 자연히, 정보기구들의 복구에 대한 시민들의 관심과 지지는 크지 않을 것이다.

1998년에서 2002년까지 이스라엘 모사드Mossad의 책임자를 지낸 에프라임 할레비Efraim Halevy는 '9·11 참사' 직후 미국과 영국 정보기구들의 실패를 논평하면서, 테러리스트들을 막기 위해 CIA가 내놓은 방안들은 참사가 일어나기 전이었다면 미국 시민들의 지지를 얻지 못했을 것이라고 부연했다. 외부로부터의 위협을 막으려면, 많은 자원이 들고 시민들이 큰 불편을 겪어야 하기 때문에, 사전에 필요한 조치를 하기가 어렵다는 얘기다.

4

우리나라에서도 정보기구들을 복구하려는 시도는 시민들의 미미한 지지와 좌파 세력의 거센 반대를 만날 것이다. 당연히, 정치적 의지를 만들어낼 뛰어난 지도력이 필요하다.

지금 어떤 대통령 후보도 이 문제를 언급하지 않는다. 그들은 이 문제를 다루는 것이 표를 얻는 데 도움이 되지 않는다고 여길 터이다. 따라서 시민들이 나서야 한다. 우리는 후보들에게 국가적 면역체계의 복구에 대해 자세히 묻고 그들이 확실한 공약을 내놓도록 해야 한다.

2부

운하 사업에 대한 성찰

1

이명박 후보는 이번 선거에서 압도적 지지를 받았다. 그러나 그의 으뜸 공약이었던 운하 사업은 지지자들 사이에서도 차가운 반응을 얻었다. 옳든 그르든, 그런 부정적 인식은 운하 사업의 수행을 어렵게 한다.

운하에 대한 시민들의 인식을 호의적으로 바꾸려면, 새 정권은 먼저 그것을 적절한 맥락 속에 놓아야 한다. '한반도 대운하'의 주요 부분은 한강과 낙동강을 연결하여 강들의 활용도를 높이는 것이다. 따라서 그 사업은 '수계(水系)의 활용'이라는 맥락 속에서 고찰되어야 한다.

고대 문명들이 모두 큰 강가에서 일어났다는 사실이 보여주듯, 강은 큰 혜택을 줄 수 있다. 아쉽게도, 우리는 강들을 제대로 이용하지 못했다. 뗏목과 조운선으로 번창했던 한강의 나루들에 배가 드무니, 조선조보다도 퇴보한 셈이다.

2

수계의 이용에 관한 사회적 논의는 이 후보가 '경부 운하'를 제안하면서 비로소 시작되었다. 좋은 아이디어는 빠르게 진화하므로, 운송에 초점을 맞춘 단순한 아이디어가 이제는 관광과 지역 개발을 포함한 원숙한 아이디어로 자라났다.

실제로, 운하를 정당화하는 가장 듬직한 논거는 관광이다. 지금 우리나라엔 관광 시설이 너무 부족하다. 휴일에 관광지를 찾으면, 사람들에 치인다. 특히 수도권의 경우, 수용 시설이 크게 부족하고 볼거리도 많지 않아서, 외국 관광객들을 유치하기 어렵다.

찾아오는 관광객들보다 해외로 나가는 관광객이 훨씬 많으니, 서비스 부문의 국제 수지는 심각하다. 2006년에는 적자가 거의 190억 달러나 되어 세계에서 셋째였다. 서비스 수지에서 관광은 가장 중요한 항목이고, 생활수준이 높아지면, 더욱 중요해질 것이다.

시민들의 해외 관광을 억제하는 일은 어리석으므로, 대책은 외국 관광객들을 유치하는 길뿐이다. 수도권은 땅이 부족하고 값도 워낙 비싸므로, 호텔도 회의장도 오락 시설도 더 지을 여지가 적고 값도 비쌀 수밖에 없다. 운하는 한강과 낙동강에 수용 시설과 오락 시설이 들어서도록 도울 것이다.

특히 흥미로운 것은 국제적 관광 경로로서의 가능성이다. 한강과 낙동강이 이어진 수계는 중국과 일본의 관광객들에게 유람선 여행cruise을 제공할 수 있다. 일본 관광객들은 유람선을 타고 부산에 닿아서 작은 유람선으로 갈아타고 낙동강을 거슬러 올라가면서 관광을 즐길 것이다. 이어 한강을 따라 내려가 서울을 찾고 인천에서 배를 갈아탄 뒤 중국으로 향할 것이다. 중국 관광객들은 물론 반대로 움직일 터이고.

현재 국제 관광객은 해마다 8억 명가량 된다. 세계 시장에서 우리가 차지하는 몫이 2퍼센트 정도 되므로, 우리는 1천 6백만 명가량의 외국 관광객들을 예상할 수 있다. 큰 나라들 사이에 자리 잡았으므로, 실은 더 많은 관광객을 기대할 수 있다. 지금 우리나라를 실제로 찾는 관광객들은 6백만 명이다. 부산과 인천이 운하로 연결되면, 이처럼 부진한 관광 산업이 원기를 얻을 것이다.

3

아울러 긴요한 것은 긴 시평time horizon이다. 운하는 먼 앞날을 보고 만들어야 한다. 한번 만들어지면, 몇십 년이 아니라 몇백 년 동안 쓰인다. 이런 사업들에 대한 반대가 큰 것은 사람들이 먼 앞날의 상황보다 현재의 조건으로 그것들을 평가하기 때문이다. 경부고속도로나 수에즈 운하에 대한 반대가 거셌던 까닭도 바로 그것이다.

긴 시평에서 살피면, 기술적 문제들에 대한 걱정도 줄어든다. 현대에서는 기술이 워낙 빨리 발전하므로, 투자만 제대로 된다면, 당장에 어렵게 보이는 문제들도 그리 어렵지 않게 풀릴 수 있다. 환경오염도 본질적으로 기술상의 문제이므로, 운하 사업에 큰 어려움을 제기하지 않는다.

긴 시평은 운하를 계획하는 이들도 지녀야 한다. 현대에서는 한 세대 뒤 세상의 모습을 구체적으로 예측하기가 실질적으로 불가능하다. 1970년대 사람들이 인터넷과 휴대전화가 나온 지금 세상을 예측할 수 없었다는 것을 떠올리면, 그 점이 실감된다. 따라서 운하를 계획하는 이들은 후대 사람들이 그때 환경에 맞추어 다듬을 수 있을 만큼 유연한 계획을 겨냥해야 한다.

긴 시평은 그 누구보다 새 대통령에게 긴요하다. 임기 안에 실적을 내놓고 싶은 마음은 자연스럽지만, 임기가 짧은 정치 지도자의 욕심은 자칫 거친 계획과 무리한 공사를 부를 수 있다. '한반도 대운하'는 여러 대통령들의 임기에 걸쳐 완성되도록 하는 것이 바람직하다. 중세 서양에서 대성당을 계획한 사람들은 자신들이 죽은 뒤에야 완성될 건물의 모습을 그리면서

겸허한 마음으로 삽을 들었다.

4

텅 빈 한강을 건널 때마다, 나는 아쉬움에 입맛을 다신다. 차들로 막힌 도로를 따라 한강 상류로 가노라면, 파란 하늘 비친 강에 '일엽편주(一葉片舟)'조차 뜨지 않은 풍경이 가슴을 허전하게 한다. 그때마다 중국과 일본 관광객들을 태운 유람선들이 오가는 강의 모습을 그려본다.

이렇듯 좋은 강들을 이용하는 것은 큰 나라들 사이에 자리 잡은 나라가 누릴 수 있는 이점이다. 돛배로 바다를 건너던 옛적, 야심과 눈썰미를 지닌 모험적 사업가 장보고가 중국과 일본을 잇는 길목에 청해진을 세웠다. 그 뒤로 1,200년 동안 아무도 그런 야심과 눈썰미를 지니지 못했다. 우리는 눈길을 짧은 지평과 시평 너머로 보내서 이 땅이 지닌 지리적 이점을 한껏 살려야 한다.

고급 선박 시장으로의 진출

1

우리 조선업계가 정부의 지원을 얻어 크루즈선 시장에 진출하기로 결정했다. 호화로운 유람선인지라, 크루즈선은 고급 기술로 만들어지고 값이 가장 비싸다. 일반 화물선 시장에서 중국 조선소들에 쫓기는 우리 조선소들로서는 전략적으로 타당한 결정이라 할 수 있다. 우리는 유럽이나 일본보다 훨씬 늦게 조선업을 시작했지만, 이제 일반 화물선 시장에서는 가장 큰 점유율을 누린다. 중국의 조선 산업이 발전하면서, 자연스럽게 우리는 고급 선박 분야로 들어가게 되었다.

방향이 옳고 야심도 반갑지만, 크루즈선 시장으로의 진출은 힘들고 위험하다. 일반적으로, 중저급 품목들을 대량 생산해온 기업들이 고급 품목 시장으로 진입하기는 무척 힘들고 위험하다. 크루즈선 시장이 특히 그렇다. 이 시장은 유럽 기업들이 실질적으로 독점해온 데다 오랫동안 조선 강국이었던 일본도 아직 본격적으로 진출하지 않은 분야다. 우리 조선소들에 밀려서 고급 품목들로 전환해온 일본 조선소들이 크루즈선 분야로의 진입을 선뜻 결정하지 않았다는 사실은 음미할 만하다.

2

크루즈선 시장으로 진출하기가 힘들고 위험한 가장 큰 이유는 크루즈선이 화물선들이나 작은 여객선들보다 훨씬 높은 안전성과 쾌적성을 요구하기 때문이다. 따라서 우리 조선소들은 보다 정교한 기술들을 새로 습득해야 한다.

다음은, 호화로운 유람선이므로, 배 전체의 값에서 선각(船殼)이 차지하는 몫은 상대적으로 작고 의장(艤裝)의 몫이 크다. 고급 의장 산업이 존재해야, 크루즈선 분야가 발전할 수 있다. 당연히, 고급 의장 산업의 육성이 긴요한데, 이 일은 오래 걸린다. 크루즈선 시장으로의 진출에는 아마도 이것이 핵심적 과제일 것이다. 크루즈선을 건조하는 일본 조선소들도 의장의 주요 부분을 유럽에서 수입한다는 사실은 이 점을 잘 보여준다.

셋째, 유럽의 조선소들이 우리 조선소들의 크루즈선 시장 진출에 대해 거세게 반격할 것이다. 크루즈선은 통상 외교에서 아주 민감한 사안이다. 유럽연합EU과 자유무역협정FTA을 위한 협상이 곧 시작될 터이므로, 이 문제는 자유무역협정의 관점에서 전략적으로 고려되어야 할 것이다.

일을 떠들썩하게 추진해서, 유럽의 조선소들을 불필요하게 자극하거나 그들의 오감(惡感)을 사는 일은 피해야 한다. 우리 기업들이 중국 기업들의 추격을 걱정하는 것처럼, 일본과 유럽의 조선소들은 우리 조선소들을 불안하게 바라본다. 앞선 기업들과 국가들의 쫓기는 처지를 이해하려는 노력에 우리는 소홀한 편이고, 그런 이해의 부족은 불필요한 오해와 마찰을 낳는다.

우리 사회는 기업이나 정부의 담당자들이 자주 바뀌는 편이라, 자연히, 단체적 기억corporate memory이 아주 짧다. 우리가 막 조선 산업을 일으키던 1970년대의 상황을 지금 기억하는 사람은 드물다. 그러나 일본과 유럽의 조선소들은 그때를 기억한다. 당시 일본과 유럽은 힘든 협상을 통해서 남아도는 조선 설비를 많이 줄였는데, 바로 뒤에 우리가 조선소들을 크게 확장한 것이다. 그런 사정은 줄곧 우리 조선소들과 유럽 조선소들의 관계에 부정적 영향을 미쳐왔다. 우리 조선소들이 연합해서 크루즈선 시장에 진출하는 것도 좋지만, 개별 기업들이 경쟁력 있는 분야에 진출해서 유럽이나 일본의 기업들과 협력 관계를 맺는 것도 좋은 전략으로 보인다.

넷째, 정부가 할 수 있는 일이 한정되어 있다는 점을 인식해야 한다. 국제협약은 정부 보조금에 엄격한 제약을 두었다. 정부가 할 수 있는 의미 있는 지원은 원천 기술의 개발과 같은 일들뿐이다. 무엇보다도, 정부가 할 일은 산업정책을 적극적으로 추진하는 것이 아니라 기업들이 활동하기 좋은 환경을 만드는 것이다. 특히 규제의 철폐와 완화는 기업을 위한 진정한 정책이다.

3

고급 선박 시장으로의 진출은 방향을 잘 잡은 전략이다. 어차피 우리 산업은 첨단 산업을 지향할 것이다.

아울러, 우리의 크루즈선 사업은 자체 수요도 있다. 이명박 후보가 '한반도 대운하'를 핵심 공약으로 내걸었는데, 그런 대규모 운하의 타당성은 국제 관광에 크게 달려 있다. 중국과 일본 사이에 자리 잡은 우리로서는 두 나라를 잇는 크루즈선 관광이 매력적이고, 한강과 낙동강을 이용한 내륙 크루즈선 관광을 그 사업의 핵심으로 삼는 것은 자연스럽다. 크루즈선 시장으로의 진출과 운하 건설을 연계하면, 성과가 자못 클 것이다.

문화와 물리적 기반

1

근년에 우리 사회에서 문화에 대한 관심이 부쩍 높아졌다. '문화 산업'이나 '문화 콘텐츠'와 같은 말들이 일상적으로 쓰이고, 정부의 문화 예산도 빠르게 늘어났다. 모든 정치인들이 문화의 중요성을 강조하고 문화 발전을 위한 정책들을 내건다.

아쉽게도, 우리 시민들의 문화에 대한 이해는 그렇게 높아진 관심을 따라가지 못한다. 그래서 문화에 관한 논의는 알차지 못하면서, '비문화적'이라 여겨지는 부문들에 대한 근거 없는 편견만 많아졌다.

2

근자에 나온 그런 편견들 가운데 두드러진 예는, 이명박 후보의 운하정책을 그것의 '비문화적' 특질을 들어 반대하는 일이다. 운하와 같은 물리적 기반을 마련하는 일은 한 세대 전에나 나올 법한 제안으로 21세기에 맞지 않으며, 우리 사회의 발전에는 '문화적' 사업이 필요하다는 얘기다. 비록 널리 퍼져서 당연하다고 여겨지지만, 이것은 피상적 관찰에 바탕을 두었다.

물리적 기반은 어느 사회에서나 늘 중요하며, 축적된 자본과 새로운 기술로 끊임없이 유지되고 개량되어야 한다. 물리적 기반이 우리에게 익숙해진 터라, 익숙함이 낳는 경멸을 받는 듯하다. 그러나 그런 익숙함이 운하 사업을 검토도 없이 물리칠 근거는 되지 못한다. 인류가 원시 시대부터 집을 지었다는 사실을 들어 주택정책을 낡은 아이디어라고 타박할 수 없는 것과 마찬가지다.

지금 우리 사회에서 가장 시급한 물리적 기반은 교통망이다. 물류비용이 워낙 많이 들기 때문이다. 원래 강들은 천혜의 자원인데, 안타깝게도, 우리 강들은 그저 교통을 방해하는 역할만 해왔다. 그런 사정에서 운하는 자연스럽게 나오는 대안이다. 궁극적 찬반을 떠나서, 그것은 일단 진지하게 검토를 받을 만한 아이디어다.

3

더욱 큰 문제는 문화와 물리적 기반 사이의 관계에 대한 오해다. 문화의 중요성이 점점 더 커질 것이라는 얘기는 맞지만, 문화가 물리적 기반을 필요로 하지 않는다는 생각은 분명히 그르며 사회적 논의를 그르칠 수 있다.

우리가 흔히 문화라 부르는 것들은 방대한 시설들이 필요하다. 영화나 오페라를 즐기려면, 먼저 영화관이나 오페라하우스가 서야 하고, 관중이 많은 운동 경기는 큰 스타디움을 필요로 한다. 문화가 발전하려면, 보다 크고 빠른 도로와 철도가 놓여야 한다. 국경을 넘나드는 문화의 향유를 위해서는 크고 잘 조직된 항구들과 공항들이 있어야 하고 편안한 호텔들에서 묵을 수 있어야 한다. 보다 나은 문화는 보다 크고 효율적인 물리적 기반을 필요로 한다.

일반적으로, 문명의 발전은 보다 크고 나은 물리적 기반 위에서 이루어졌다. 그리고 그런 추세는 앞으로도 계속될 것이다. 우리가 부러운 마음으로 감탄하는 상하이나 두바이의 발전상에서도 가장 먼저 눈에 들어오는 것들은 모두 거대한 시설들이 아닌가?

4

이제부터는 과학소설 작가들만이 꿈꾸던 토목 공사들이 계속 이어질 것이다. 아마도 가장 멋진 시설 사업은 '우주 엘리베이터sky elevator'일 것이다. 지금 통신 위성들이 떠 있는 지구정지 궤도에 우주선들이 정박할 수 있는 정거장을 마련하고 지표에서 그곳까지 엘리베이터를 놓는 공사다. 엘리베이터를 타고 우주 공간의 경치를 즐기면서 지구의 중력에서 벗어나는 일은, 제어된 폭발에 의존하는 로켓에 갇혀 마음 졸이는 것과는 비교가 되지 않게 즐겁고 값싸고 안전하다. 이 사업은 현재의 기술로는 어렵지만, 미국의 항공우주국NASA은 이미 여러 해 전에 사업의 개념 설계를 위해서 예산을 배정한 상태다. 이 사업에 비하면, 지금까지 사람이 만든 모든 시설들은 소꿉장난 같다.

그 너머에는 외계의 탐사와 개척이 있다. 외계를 사람이 살 수 있는 곳으로 만들려면, '지구화terraforming'라 불리는 일이 이루어져야 한다. 그것은 일상적 상상을 넘어서는 거대하고 복잡한 사업이지만, 몇 세기 안에 화성에서 '지구화' 작업이 이루어질 가능성을 의심하는 전문가는 드물다.

이번에 제안된 운하는 규모도 크고 외부에 끼치는 영향도 많은 사업이므로, 여러 가지 이유들로 반대할 수 있다. 그러나 물리적 기반 사업이 시대에 뒤처졌다는 지적은 적절한 이유가 될 수 없다. 다른 편으로 우리는, 문화 발전을 공약으로 내건 정치인들에게 그것을 실천하는 데 필요한 물리적 기반에 대해 물어야 할 것이다.

문화에 관한 성찰

1

'문화'라는 말은 여러 가지 뜻으로 쓰인다. 또렷이 정의하기도 어렵다. 그래서 논의의 맥락에 따라 그 말이 가리키는 것이 많이 달라진다. 자연히, 문화를 되도록 엄격하게 정의하려는 노력은 문화에 관한 논의를 알차게 하는 첫 조건이다.

가장 근본적 수준에서 정의하면, 문화는 "정보의 비유전적 전달non-genetic transmission of information"이다. 부모에게서 자식에게로 유전자들을 통해 전달되는 정보들을 빼놓고, 후천적으로 개인들이 얻는 정보들이 모두 문화라는 얘기다. 『웹스터 영어 사전*Webster's Third New International Dictionary*』의 '문화culture' 항목에 있는 "사고·발언·행위와 인공물들로 구현되고, 도구들·언어·추상적 사고체계들을 사용함으로써 지식을 습득하고 후대에 전달할 수 있는 사람의 능력에 의존하는, 인간 행태와 그 산물들의 총체"[4]라는 정의는 "정보의 비유전적 전달"을 풀어쓴 것이다.

보다 좁은 정의는 문화의 전통적 특질을 강조하는 것이다. 이 경우, 문화는 "인종 집단, 종교 집단, 혹은 사회 집단의 〔타 집단과〕 변별되는 전통을 구성하는 관습적 믿음들, 사회적 형식들, 그리고 물질적 특징들의 총체"[5]라고 정의된다. "한국 문화"나 "불교 문화"는 문화를 이렇게 정의한 경우들이다.

한층 더 좁은 정의는 사회적 집단들 사이의 문화적 변별을 강조하는 것이다. 이 경우, 문화는 "특정 집단, 업무나 직업, 성, 연령층 또는 사회적 계층에서 나타나는 특유의 전형적 행태나 표준화된 사회적 특징들의 복합체"[6]라고 정의된다. "청소년 문화"나 "중산층 문화"는 문화를 이렇게 정의한 경우들이다.

개인들에게 구현된 상태로 문화를 보기도 한다. 이 경우, 문화는 '교양'과 거의 동의어다.

취향과 범절이 세련되고, 예술과 인문학에 대한 소양이 깊은 상태에 이른 사람들은 '문화적'이라고 평가된다. 일상적으로 문화는 이 뜻으로 쓰인다. "문화 생활"이나 "문화 산업"은 문화를 이렇게 정의한 경우들이다.

2

문화의 여러 뜻에서 그것을 이해하는 데 가장 중요한 것은 문화를 가장 근본적 수준에서 다룬 정의다. "비유전적 정보의 전달"이라는 정의를 바탕으로 삼아야, 문화에 대한 논의가 제대로 이루어질 수 있다. 어떤 현상을 가장 근본적 수준에서 바라본 정의가 지닌 통상적 이점들에 덧붙여져, 이 경우에는 유전적 정보의 전달과 비유전적 정보의 전달을 본질적으로 하나의 현상으로 볼 수 있다는 사정도 있다. 이런 본질적 연관을 고려하지 않으면, 문화에 대한 이해는 결코 깊을 수 없다.

사람의 육체에 든 유전적 정보들과 비유전적인 문화 사이에 본질적 연관이 있다는 통찰은 진화생물학의 발전을 통해 얻어졌다. 따라서 진화적 관점에서 살펴야, 문화의 본질이 비로소 드러난다.

3

자연선택 이론은 다윈과 월리스Alfred Russel Wallace가 거의 같은 시기에 독자적으로 세웠다. 간략하게 얘기하면, 자연선택 이론은 생존에 적합한 특질을 지닌 개체들이 살아남아 자손들을 남기며, 그런 과정을 통해서 진화가 이루어진다는 주장이다.

　　모든 종들은 세대마다 살아남을 수 있는 것들보다 훨씬 많은
자손들을 낳는다. 어떤 개체군의 모든 개체들은 유전적으로 서
로 다르다. 그들은 환경의 어려움에 노출되고, 거의 대부분이
죽거나 생식하지 못한다. 그들 가운데 소수만이, 평균적으로 한
쌍의 부모들에 대해서 둘만이, 살아남아서 생식한다. 그러나 이
들 생존자들은 개체군의 무작위적 표본이 아니다. 그들의 생존
은 생존에 도움이 되는 어떤 특질들을 지녔다는 사실에 의해 도
움을 받았다.[7]

자연선택이라는 말은 자연이 선택의 주체라는 것을 암시한다.
그러나 실제로는 자연이 의도적으로 선택하는 것은 아니다. 자
연선택에서의 선택에는 '의도적'이란 뜻이 담겨 있지 않다.
　자연선택을 진화의 기구로 보는 이론이므로, 다윈주의 진화
론에서 근본적 논점들 가운데 하나는 자연선택이 작용하는 단
위다. 오랫동안 다윈주의 진화론은 유기체인 사람이 그런 단위
라고 상정해왔다. 모두 자명한 이치라고 여겨온 이 가정은 그
러나 여러 가지 어려움들을 만났다. 그것에 바탕을 둔 이론들
로는 설명하기 어려운 현상들이 너무 많았기 때문이다. 마침내
20세기 중엽에 여러 학자들이 그것의 타당성에 근본적 의문을
제기하기 시작했다.

리처드 도킨스Richard Dawkins는 1976년에 펴낸『이기적 유전자The Selfish Gene』에서 진화의 기본적 단위인 '복제자 replicator'는 유기체가 아니라 유전자며, 그런 관점에서 살펴야 생명 현상과 진화 과정이 제대로 설명된다는 주장을 폈다. "유전자적 관점gene's-eye view"이라 불린 이 이론은 다윈주의 진화론을 한껏 밀고나간 이론으로, 진화론이 품은 혁명적 함의들을 잘 드러냈다.

가장 일반적 형태에서 자연선택은 존재들의 차별적 생존을 뜻한다. 어떤 존재들은 살고 다른 존재들은 죽는데, 그러나 이러한 선택적 죽음이 세계에 어떤 영향을 미치려면, 추가적 조건 하나가 충족되어야 한다. 각 존재는 많은 복제들의 형태로 존재해야 하며, 적어도 존재들의 몇은 복제들의 형태로 진화적 시간의 상당 기간을 잠재적으로 살아남을 수 있어야 한다. 작은 유전적 단위들은 이러한 특성들을 지녔다. 개체들, 집단들, 그리고 종들은 그렇지 않다. 유전적 단위들이 실제로는 나뉠 수 없고 독립된 입자들로 취급될 수 있음을 보여준 것은 그레고르 멘델의 위대한 성취였다. 〔……〕

유전자의 입자성의 또 다른 측면은 그것이 늙지 않는다는 점이다. 그것은 겨우 백 살이 되었을 때보다 백만 살이 되었을 때 죽을 가능성이 높거나 하는 것이 아니다. 그것은 세대들을 거치면서, 자신의 방식으로 그리고 자신의 목적들을 위해서 잇따라

몸들을 조종하고 노쇠와 죽음으로 가라앉기 전에 죽게 마련인 몸들을 잇따라 버리면서, 몸에서 몸으로 건너뛴다. 〔……〕

성적으로 생식하는 종들에서, 개체는 자연선택의 의미 있는 단위의 자격을 갖추기에는 너무 크고 너무 일시적인 유전적 단위다. 개체들의 집단은 더욱 큰 단위다. 유전적으로 말하면, 개체들과 집단들은 하늘의 구름들이나 사막의 모래 폭풍들과 같다. 그것들은 일시적인 집합들이나 연합들이다. 그것들은 진화적 시간에서 안정적이지 않다. 개체군들은 오래 유지될지 모르지만, 그것들은 다른 개체군들과 항상 섞이고, 그래서 그것들의 정체성을 잃는다. 그것들은 또한 안에서의 진화적 변화를 맞는다. 개체군은 자연선택의 단위가 될 만큼 충분히 분리적이지 못하고, 또 하나의 개체군보다 선호되어 '선택'될 만큼 충분히 안정적이거나 일원적이지 못하다.

개체적 몸은 그것이 유지되는 동안에는 충분히 분리적인 것처럼 보이지만, 그러나 아쉽게도, 얼마나 오랫동안 그러한가? 각 개체는 독특하다. 각 존재에 오직 하나의 복제만이 있을 때는 존재들의 선택에 의해서 진화가 나올 수 없다! 성적 생식은 복제가 아니다.[8]

유전자가 자연선택의 기본 단위인 '복제자'이고 진화의 주역이면, 그 영향은 아주 멀리 미칠 수밖에 없다. 유전자의 영향은 실은 그것이 거주하는 유기체의 몸 밖까지 미친다. 도킨스는 그렇게 멀리 미치는 유전자의 영향을 "확장된 표현형extended phenotype"이라 불렀다.

한 유전자의 표현형적 효과들은 보통 그것이 자리잡은 몸에 대해 그것이 지닌 모든 효과들로 여겨진다. 이것이 전통적 정의다. 그러나 우리는 한 유전자의 표현형적 효과들은 그것이 세계에 대해 지닌 모든 효과들로 생각될 필요가 있음을 보게 될 것이다. [……] 한 유전자의 표현형적 효과들은 그것이 자신을 다음 세대로 옮기는 데 쓰는 도구들이다. 내가 덧붙이고자 하는 것은 그 도구들은 개체적 몸의 울타리 밖까지 미친다는 것이다.

자연은 같은 또는 다른 종들의 다른 것들을 조종하는 동물들과 식물들로 들끓는다. 자연선택이 조종을 위한 유전자들을 선호한 모든 경우들에서, 같은 유전자들이 조종당한 유기체의 몸에 [확장된 표현형적] 효과들을 지녔다고 말하는 것은 정당하다. 유전자가 육체적으로 어떤 몸 안에 있느냐 하는 것은 문제가 되지 않는다. 그것의 조종의 표적은 같은 몸이거나 다른 몸일 수 있다. 자연선택은 자신들의 전파를 확보하기 위해 세계를 조종하는 유전자들을 선호한다. 이런 사정은 내가 '확장된 표현형의 중심적 정설'이라고 부른 것으로 이끈다. 한 동물의 행태는 그 행태를 '위한' 유전자들의 생존을, 그 유전자들이 [그 행태를] 수행하는 특정 동물의 몸 안에 자리잡았든 아니든, 최대화하는 경향이 있다. 나는 동물 행태의 맥락에서 썼지만, 물론 그 정리

는 빛깔, 크기, 모양에——모든 것들에——적용될 수 있다.[9]

4

'확장된 표현형'들 가운데 가장 두드러지고 흥미로운 것은 물론 문화다. 그리고 문화에서 압도적 중요성을 지닌 것은 사람의 문화다. 다윈주의 진화론자들은 문화도 궁극적으로 진화의 법칙의 지배를 받는다고 믿는다.

이런 생각은 자연스럽게 진화의 과정이 작용하는 문화의 기본적 단위에 대한 탐구로 이어졌다. 여러 사람들이 그러한 단위를 상정하고 이름을 붙였는데, 가장 성공적인 것은 도킨스의 시도였다.

나는 바로 이 행성에서 근자에 새로운 종류의 복제자가 나왔다고 생각한다. 그것은 우리를 빤히 쳐다보고 있다. 그것은 아직 유년기에 있어서 그것의 원초적 수프 속에서 어색하게 떠다니지만, 그것은 이미 오래된 유전자를 멀찍이 따돌리는 속도로 진화적 변화를 이루고 있다.

새로운 수프는 인류 문화의 수프다. 우리는 새로운 복제자를 부를 이름이, 문화적 전파의 단위 또는 모방의 단위라는 생각을 전달하는 명사가, 필요하다. '미밈mimeme'은 적절한 그리스어

어근에서 나왔지만, 나는 '진gene'과 비슷한 소리를 내는 단음절을 바란다. 만일 내가 미밈을 밈meme으로 줄이더라도, 내 고전학자 친구들이 나를 용서해주기를 바란다. 〔……〕 그것은 '크림cream'과 운이 맞도록 발음되어야 한다.

밈의 예들은 곡조들, 생각들, 구호들, 의복 유행들, 냄비들을 만들거나 홍예들을 쌓는 방식들이다. 유전자들이 정자들이나 난자들을 통해 몸에서 몸으로 뛰어 건너면서 유전자 풀에서 자신들을 전파하는 것과 똑같이, 밈들은 넓은 뜻에서 모방이라고 불릴 수 있는 과정을 통해 뇌에서 뇌로 건너뛰면서 밈 풀에서 자신들을 전파한다.[10]

따라서 문화를 지닌 종들에서는 진화가 유전적 요인들만이 아니라 문화적 요인들에 의해서도 이루어진다. 이러한 '유전자-문화 공진화gene-culture coevolution' 또는 '유전자-밈 공진화gene-meme coevolution'는 물론 사람에게 가장 중요하다.

본질적으로, 〔유전자-문화 공진화의〕 개념은, 첫째 사람의 계통이 유전적 진화에 문화적 진화라는 평행적 진로를 더했다는 것과, 둘째 진화의 그 두 형태들이 연결되었다는 것을 살핀다. 〔……〕

문화는 공동체적 마음에 의해 창조되고, 각 마음은 유전적으로 구조화된 사람 뇌의 산물이다. 유전자들과 문화는, 따라서 떼어놓을 수 없도록 연결되었다. 그러나 그 연결은 아직 대체로 측정되지 않은 정도로 유연하다. 그 연결은 또한 꼬불꼬불하다. 유전자들은 개체신생적 규칙들을 정하는데, 그것들은 개별적 마음이 자신을 조립하는 일에서 의존하는 신경 경로들과 인식적 발생에서의 규칙성들이다. 마음은 출생에서 죽음까지, 개별적 뇌가 물려받은 개체신생적 규칙들을 통해서 인도된 선택들을 함으로써, 그것에 이용 가능한 기존 문화의 부분을 흡수함으로써 자라난다. 〔……〕

어떤 문화적 규범들은 또한 경쟁적 규범들보다 더 잘 살아남고 생식하며, 그렇게 함으로써 문화가 유전적 진화와 평행인 진로를 따라, 그리고 통상적으로 그것보다 훨씬 빠르게 진화하도록 만든다. 문화적 진화의 속도가 빠를수록, 유전자들과 문화 사이의 관련은, 비록 완전히 끊어질 수는 없지만, 점점 느슨해진다. 문화는 상응하게 정확한 유전적 규정 없이 발명되고 전수되는, 정교하게 조율된 적응들을 통해서 환경에서의 변화들에 대한 빠른 조정을 허용한다. 이 면에서 인류는 모든 다른 동물 종들과 근본적으로 다르다.[11]

5

문화가 복잡한 현상이므로, 문화 복제의 기본적 단위인 밈은 독자적으로 존재한 적이 드물다. 거의 언제나 밈은 관련되었거나 보완적인 밈들과 결합하여 유기적 복합체를 이룬다. 예컨대, 이념은 많은 아이디어들과 신조들과 정책들이 결합해서 나온 거대한 복합체다. 그리고 이런 복합체는 흔히 함께 복제된다. 도킨스는 그런 복합체를 "공적응된 밈 복합체coadapted meme complex"라 불렀다. 이 말은 뒤에 '밈 복합체memeplex'로 생략되었다.

밈들과 밈 복합체들은 서로 경쟁하며, 성공적으로 적응한 것들이 선택되어 널리 퍼진다. 따라서 어떤 사물에 관한 밈들에 관해서, 그것들이 서로 경쟁을 하기 전에는 어떤 것이 가장 나은지 판별하기 어렵다. 경쟁을 통해서 비로소 가장 나은 것이 가려진다. 경제학자 하이에크Friedrich A. Hayek가 경쟁을 "발견 절차discovery procedure"라 부른 것은 바로 이런 사정을 가리킨 것이다.

이처럼 밈들이 경쟁을 통해서 선택되고 퍼지므로, 문화가 풍요롭고 번창하려면, 세 가지 조건이 필수적이다.

첫 조건은 풍부한 밈들의 공급이다. 밈들은 자연선택의 재료이므로, 경쟁 관계에 있는 밈들이 풍부해야 경쟁이 제대로 이루어지고 좋은 밈들이 선택될 수 있다. 존재하는 밈들에 대한 대안인 새로운 밈들이 끊임없이 나오도록 하는 것은 문화 발전의 기본적 조건이다. 문화의 다양성을 강조하는 종래의 견해는 궁극적으로는 그런 사실에 바탕을 두었다.

둘째 조건은 선택 과정의 활발한 작동이다. 존재하는 밈들이 서로 경쟁해서 보다 나은 것들이 살아남아 널리 퍼질 수 있어야, 문화는 풍요롭고 번창한다. 그러려면, 사회의 구성원들이 자유롭게 실험할 수 있어야 한다. 언론의 자유와 예술적 표현의 자유는, 그래서 문화에 필수적이다. 보다 넓게 살피면, 갖가지 실험들이 끊임없이 나오는 시장의 존재가 문화의 토양임이 드러난다. 인종, 국가, 종교, 계급, 또는 미신에 바탕을 둔 실험에 대한 장벽들은 선택 과정이 제대로 작용하지 못하게 해서, 문화에 부정적 영향을 미친다.

셋째 조건은 선택된 밈들의 효율적 전파다. 선택된 밈들이 널리 퍼지려면, 밈들의 전달에 드는 '정보 비용'이 작아야 한다. 교통과 통신의 발달, 낮은 거래 비용, 그리고 낮은 법적·도덕적 장벽은 밈들의 효율적 전파를 돕는 요건들이다.

이 세 조건들이 제대로 채워져야, 비로소 문화는 번창한다. 이런 사정은 역사적으로 여러 번 증명되었다. 가장 두드러진 예는 근세 유럽의 경험이다.

서양의 지속적 경제 성장은 정치적·종교적 통제로부터 높은 정도로 자율성을 지닌 경제 분야가 나타나면서 시작되었다. 일관되고, 완전히 통합된 후기 중세의 봉건 사회로부터 18세기 유럽의 다원 사회로의 전환은, 경제만이 아니라 과학, 미술, 문학, 음악, 그리고 교육을 포함하는, 삶의 모든 분야들에서 정치적

및 교회적 통제의 완화를 품었다.[12]

6

본질적으로 밈들이 사람들 사이에 널리 퍼지는 일이므로, 문화는 사람들 사이의 긴밀한 접촉을 바탕으로 삼는다. 어느 사회에서나 가족 안에서 이루어지는 세대들 사이의 친밀한 접촉이 문화 전수의 기본이라는 사실에서 이 점이 선연히 드러난다. 문화와 사람들 사이의 지역적 거리는 역비례한다. 문화는 사람들 사이의 지역적 거리를 줄이는 방향으로 진화했고, 기술의 발전과 인구의 증가로 사람들 사이의 지역적 거리가 줄어들면서, 문화는 꾸준히 발전해왔다.

자연히, 문화의 발전은 늘 도시의 출현을 부르고 문화권의 확대를 낳는다. 도시의 출현이나 문화권의 확대 없이 문화가 지속적으로 발전하는 상황을 생각하기 어렵다. 문화에 대한 고찰은 늘 이 두 현상을 고려해야 한다.

문화와 도시 사이의 관련이 그렇게 본질적이고 긴밀하므로, 사람들은 처음부터 '도시인Homo urbanus'들이었다. 도시 사람들은 시골 사람들보다 훨씬 많은 정보들을 교환하면서 산다. 그래서 도시 사람들은 기술을 발명하고 익혀서 새로운 일자리들을 창조했고 새로운 사회 조직들을 실험했다. 거기서 나온 사회적 풍요는 예술과 교양의 토양이 되었다. 영국 시인 윌리엄 쿠퍼William Cowper의 "신은 시골을 만들었고, 사람은 도시를 만들었다"[13]라는 구절에는 보기보다 큰 진실이 담겨 있다.

고대 문명은 실질적으로 '도시 혁명urban revolution'과 함께 나왔다. 그 뒤로 도시화는 꾸준히 이어졌고, 현대 문명에서 급격히 가속되었다. 산업 혁명은 도시화에 큰 운동량을 가해서, 1900년에는 세계 인구의 13퍼센트가 도시에서 살게 되었다. 지금은 50퍼센트가 도시에서 산다. 한 세기 만에 도시 인구가 거의 네 곱절 늘어난 것이다. 국제연합UN의 예측에 따르면, 2030년까지는 도시 인구가 60퍼센트로 늘어날 것이다. 이런 급격한 도시화는 당연히 문화의 모습에 결정적 영향을 미칠 것이다.

정보의 전달이므로, 문화는 늘 확산한다. 사람들의 이동과 교류가 지역적인 경우에도, 문화는 온 세계에 빠르게 퍼질 수 있다. 널리 알려진 예를 들면, 유라시아에 걸친 '비단길The Silk Road'을 따른 동서양 문화의 전파가 있다. 그 길고 험한 길을 한 끝에서 다른 끝까지 여행한 사람은 아주 드물었다. 그 길을 따라 교역한 상인들도 대부분 무역로의 한 부분에서 중계 무역에 종사했다. 그래도 문화는 그 길을 따라 빠르게 퍼졌다.

문화의 발전은 너른 지역을 아우르는 사회의 출현을 가능하게 한다. 문화 수준과 사회적 응집력은 비례한다. 밈들이 경쟁을 통해서 선택되고 전파되므로, 문화는 사회를 끊임없이 보다 동질적으로 만든다. 이런 과정은 우세한 유전자들의 끊임없는 전파를 통해서 개체군population의 유전적 동질성이 유지되는 것과 비슷하다. 다만, 유전자들보다 밈들이 훨씬 빠르게 변화하고 퍼진다. 다른 편으로, 너른 사회의 출현은 문화적 잠재력을 높인다.

이런 사정은 제국의 등장에서 뚜렷이 드러난다. 여러 지역들과 민족들과 문화들을 아우르는 제국이 나타나면, 문화의 모든 분야들에서 다양한 밈들이 서로 활발하게 경쟁하게 된다. 그런 경쟁에서 우세한 밈들이 가려지고 그것들이 확산되어 표준이 나타난다. 그래서 재화들을 만드는 물리적 기술physical technology이나 사회를 조직하는 사회적 기술social technology에서 보다 나은 기술들이 널리 채택되고 도덕, 법, 종교, 언어와 같은 분야들에서도 표준화가 진행된다. 그래서 제국의 출현은 너른 지역을 아우르는 문화적 동질화를 부른다.

특히 언어에서 이런 현상이 두드러진다. 제국이 출현하면, 제국의 공용어가 아주 빠르게 표준 언어가 되고, 나머지 민족어들은 점차 쇠멸하게 된다. 메소포타미아의 아카드어, 페르시아의 아람어, 그리스의 그리스어, 중국 진(秦) 왕조의 중국어, 로마의 라틴어가 대표적 예들이다. 현대에서는 '영국 중심의 평화Pax Britannica'와 '미국 중심의 평화Pax Americana' 덕분에 영어가 세계의 표준 언어가 되었다. 이처럼 제국의 출현은 너른 지역에서 쓰이는 표준 언어의 등장을 부르고, 표준 언어는 제국의 문화를 동질적으로 만든다.

이제 온 세계를 아우르는 '지구 제국'이 빠르게 모습을 드러내고 있다. 이미 세계는 여러 분야들에서 하나의 단위가 되었다. 비록 많은 민족국가들로 나뉘었지만, 세계는 경제적으로 긴밀하게 연결되었고 문화적으로도 점점 동질적이 되어간다. 이런 현상을 우리는 세계화라 부른다.

앞에서 살핀 것처럼, 문화의 본질이 정보의 전파이므로, 도시화와 세계화는 자연스럽고 필연적이다. 그리고 도시화와 세계화는 문화의 진화에 큰 운동량을 더한다. 이제 온 세계가 하나의 '지구 제국'으로 통합되므로, 너른 마당에서 다양한 밈들이 경쟁을 통해 선택되어 전파될 것이다. 많은 비관적 전망들에도 불구하고, 앞으로 문화는 빠르고 활기차게 진화할 것이다.

7

진화는 목적론적teleological 과정이 아니다. 그것은 그저 환경에 맞는 개체들이, 유전자들이든 밈들이든, 덜 맞는 개체들보다 더 많이 살아남아 더 널리 퍼지는 과정일 따름이다. 따라서 문화는 본질적으로 어떤 목표나 궁극적 형태를 향해 진화하지 않는다. 이 점은 문화를 살필 때 늘 고려되어야 한다.

그리고 진화의 단위는 개체들이다. 인류의 경우, 진화의 단

위는 개인들이다. 자연히, 개인들이 자유롭게 실험할 수 있는
사회를 만드는 것이 본질적 중요성을 지닌다. 따라서 민족이나
국가나 인종과 같은 추상적 단위들을 위하는 길로 문화를 이끌
려는 시도들은 아주 어리석고 해롭다. 그런 시도들은 진화의
본질에 어긋난다. 우리는 그저 개인들이 자유롭게 실험할 수
있는 사회를 만들면 된다. 나머지는 생명을 창조했고 다양한
종들과 문화들을 발전시킨 진화의 과정이 맡을 것이다.

독도 문제를 작게 만드는 길

1

독도는 외진 곳에 있는 작은 섬들이다. 둘레의 바다를 고려해도, 그것의 실질적 가치는 그리 크지 않다. 적어도 한국과 일본이 주기적으로 다툴 만큼 크지는 않다.

그러나 '독도 문제'는 엄청나게 크다. 그것은 두 나라의 국가적 자존심이 걸린 문제가 되었고, 두 나라 시민들의 삶에 여러 모로 부정적 영향을 미친다.

당연히, 한국과 일본의 시민들은 독도 문제를 독도 자체의 크기만 한 문제로 돌려놓아야 한다. 작은 사안을 크게 부풀리는 것도 어리석지만, 이미 커진 문제를 그냥 두는 것도 비합리적이다.

2

독도 문제를 작게 돌려놓으려면, 먼저 외진 곳의 작은 섬들에 관한 분쟁이 그렇게 걷잡을 수 없이 커진 까닭을 살펴야 한다. 이런 성찰은 너른 맥락에서 차분히 이루어져야 하는데, 안타깝게도, 지금 상황은 그런 성찰을 어렵게 한다.

실은 바로 그렇기 때문에 우리의 성찰을 시작해야 한다. 그런 상황을 낳은 것은 두 나라에 가득한 민족주의이고, 바로 그것이 독도 문제를 키웠다.

민족주의는 원래 근대 유럽 문명의 산물이니, 그것은 나폴레옹 전쟁 뒤 주로 독일 지식인들에 의해 다듬어졌다. 반어적으로, 민족주의는 19세기 이후 유럽 열강의 침략을 받은 지역들에서 열렬히 받아들여졌다. 실제로 그것은 유럽 문명의 가장 성공적 수출품으로, 과학적 방법론이나 기독교보다도 더 깊이 뿌리를 내렸다.

민족주의의 근본적 특질 가운데 하나는 보편성의 폄하와 특수성의 신성화다. 나폴레옹 전쟁에서 2차 세계대전까지 한 세기 반에 걸쳐 독일 사람들이 시범을 보인 것처럼, 민족주의는 자기 민족과 나라가 다른 민족들이나 나라들보다 우수하며, 그 근거는 바로 자신들만이 지닌 것들에서 비롯된다고 여긴다. 민족주의는 사람들이 육체적·문화적 유산들을 대부분 공유하고 민족들이나 나라들 사이의 차이가 아주 작다는 사실을 애써 무시한다.

이렇게 자기 민족과 나라를 앞세우다 보니, 민족적 자존심이 시민들의 중심적 가치가 되었다. 민족적 자존심에 대한 훼손은 아무리 작아도 결코 작은 일이 아니며, 그것을 보상받기 위해서는 어떤 희생도 치러야 한다는 생각이 널리 퍼졌다. 이런 상황에서 민족이나 나라 사이의 분쟁은 어떤 것도 작은 일일 수 없다. 실제로 사소한 분쟁이라도 일어나면, 두 집단들이 방대한 유산들을 공유하고 모든 분야들에서 협력한다는 사실은 도외시된다.

3

게다가 그런 분쟁들은 자신들의 정치적 자산을 손쉽게 늘리려는 정치가들에 의해 이용된다. 민족주의가 워낙 거세고 어떤 집단도 그것을 거스르기 어려우므로, 민족주의를 부추겨서 정치적 이득을 보려는 시도는 실패한 적이 드물다. 자연히, 정치가들은 늘 민족주의를 이용하고픈 유혹을 받는다. 집권한 정치가의 기반이 약할수록, 그런 유혹은 커진다.

민족주의의 정치적 이용이 유난히 해로운 것은 그것이 '지적 증오intellectual hatred'를 키운다는 사실이다. 민족주의는 증오를 추상화하고 이론적 토대를 부여해서 지적으로 만든다. 그런 증오는 실질적 피해와 관련 없이 증폭되고, 애초에 증오를 유발한 요인이 사라져도 그대로 남는다. 원래 증오는 위협에 대응하는 수단으로 진화했다는 사정을 생각하면, 지적 증오의 해악이 잘 드러난다. "지적 증오가 가장 나쁘다"[14]라는 예이츠William Butler Yeats의 통찰은 바로 그 점을 지적한 것이다. 불행하게도, 민족주의는 점점 거세져서, 쥘리앵 방다Julien Benda가 현대를 가리켜 "정치적 증오들의 지적 조직의 시대"라고 부른 지 80년이 지난 지금, 지적 증오는 어디서나 사회 풍토를 이루는 중심 요소가 되었다.

4

걱정스럽게도, 지금 동북아시아의 여러 나라들에서—중국, 일본, 한국, 북한 그리고 대만에서— 집권한 정치가들은 정치적 기반이 약하다. 그래서 모두 민족주의적 감정들을 부추겨서 정권을 정당화하거나 정치적 자산을 늘린다.

한국과 일본의 시민들은 정치 지도자들이 민족주의를 부추기는 것을 억제해야 한다. 우리는 독도가 작고 독도 문제도 실은 작다는 것을 잊지 말아야 한다. 원래 작은 문제라도, 한번 커지면, 쉽사리 줄어들지 않는다. 민족주의적 감정이 개재된 문제는 특히 그렇다. 그래서 독도 문제는 예측 가능한 미래에 양쪽이 만족할 만한 형태로 풀리기 어렵다. 그래도 두 나라 시민들이 정치 지도자들의 선동에 현명하게 대처한다면, 우리는 큰 불편 없이 그것을 안은 채 협력의 풍요로운 열매들을 즐길 수 있을 것이다.

좋은 이웃으로 살아가는 길

1

언급된 적은 드물지만, 우리 사회를 드러내는 중요한 지표 가운데 하나는 우리와 일본 사이의 무역 수지다. 1965년 한일 협정으로 무역의 공식적 토대가 마련된 뒤로, 우리는 일본에 수출한 것보다 훨씬 많이 일본으로부터 수입했다. 1990년대 중엽 무역 수지 적자는 대략 100억 달러였고, 2000년대에 들어서는 대략 200억 달러였다. 2007년에는 250억 달러였고, 올해는 그보다 상당히 늘어나리라는 전망이다.

이런 무역 수지에서 주목할 것은 그 추세가 무척 안정적이라는 점이다. 일본과의 무역에서, 우리는 줄곧 적자를 보아왔다. 한 번도 흑자를 본 적이 없다. 앞으로도 그러하리라고 모든 전문가들이 얘기한다. 적자의 규모도 안정적이다. 근년에 대일본 무역 수지 적자는 우리 총수출액의 10퍼센트 정도였다.

특히 시사적인 것은 우리가 유독 일본에 대해서만 적자를 본다는 사실이다. 수출을 통해서 경제를 성공적으로 발전시킨 나라답게, 우리는 다른 나라들과의 무역에서는 대체로 흑자를 본다.

2

여기서 피할 수 없는 결론은 그런 안정적인 대일본 무역 적자가 양국 관계의 근본적 구조를 반영한다는 것이다. 실제로 대일본 무역 적자의 원인에 대해 전문가들은 같은 진단을 내린다. 우리가 일본으로부터 선진 기술, 장비 및 핵심 부품들을 들여와 그것을 바탕으로 만들어진 완제품들을 다른 나라들에 수출하는 구조 때문이라는 것이다.

따라서 대일본 무역 적자의 궁극적 원인은 두 나라 사이에 존재하는 큰 지식 격차다. 우리가 지식에서 일본을 따라잡지 못하는 한, 지식을 들여오는 무역 구조와 그로 인해 발생되는 무역 적자는 계속될 것이다.

양국 관계의 이런 구조는 19세기 후반 동아시아가 서양의 열강과 교역을 시작한 개항기에 이미 세워진 것이다. 실은 일본과 한국 사이만이 아니라, 일본과 다른 동아시아 국가들의 관계도 마찬가지다. 일본만이 서양 문명을 효과적으로 받아들여 근대 국가로 빠르게 변환하는 데 성공했다. 그 뒤로 일본은 동아시아의 패권국가가 되었을 뿐 아니라 서양의 우월한 지식들이 동아시아로 유입되는 도관(導管) 노릇을 톡톡히 했다. 당사자들이 인정하든 하지 않든, 동아시아 사회들은 일본을 통해서 유입된 서양 지식들에 힘입어 진화했다.

전 세계적으로 제국주의가 팽배해 있던 시기에 그렇게 앞선 나라를 이웃으로 가진 것은 우리에게 재앙이었다. 다행스럽게도, 2차 세계대전 뒤 그 이웃은 선진 기술과 장비와 핵심 부품들의 편리한 공급처가 되었다. '한강의 기적'이라 불린 경제적 성취에서 일본의 기술과 자본은 결정적 역할을 했고, 아직도 큰 역할을 한다.

3

자연히, 일본과 좋은 관계를 맺는 것은 우리에게 더할 나위 없이 중요하다. 일본이 우리보다 훨씬 크고 우리가 일본에 의존하는 정도가 일본이 우리에게 의존하는 정도보다 훨씬 깊으므로, 양국 관계가 나빠지면, 우리가 일본보다 훨씬 괴로워진다.

근자에 두 나라 모두 정치적 기반이 약한 정치 지도자들이 나왔다. 그들은 이웃 나라에 대한 공격적 민족주의를 통해서 자신들의 정치적 자산을 쉽게 늘리는 길을 골랐다. 두 나라 사이의 불행한 역사 때문에, 그런 책략은 실패한 적이 없지만, 두 나라 모두 큰 손해를 보게 마련이다.

근자에 일본에서는 정권이 바뀌었고, 아베 신조 수상이 노무현 대통령을 찾아 회담했다. 마침 회담 당일에 북한이 핵실험을 한 터라, 두 지도자는 이 중대한 사태와 관련하여 자연스럽게 협력하게 되었다. 두 나라 사이의 옹색해진 관계를 개선할 계기가 나온 셈이다.

이제 정치 지도자들이 정치적 자산을 쉽게 늘리려고 민족주의적 감정을 부채질하는 일을 억제할 책임은 두 나라 시민들에게 있다. 그것이 영원히 이웃으로 남을 두 나라가 좋은 관계를 유지하는 데 가장 중요한 요소다.

전체주의와 도덕

1

대통령 선거를 앞둔 터라, 우리 정계는 여야가 함께 어지럽다. 그러나 여야의 구체적 모습은 사뭇 다르다. 열린우리당은 노무현 대통령의 탈퇴로 공식적 여당의 위상을 잃은 데다, 여러 의원들이 탈당해서 제1당의 지위마저 잃었다. 야당인 한나라당의 경우 유력한 후보들이 격심하게 대립하지만, 당 안에서 경쟁한다.

이런 사정은 둘 사이의 중요한 차이다. 그러나 그것보다 더 두드러진 차이는 대립하는 사람들의 말씨다.

이명박 씨나 박근혜 씨나 때로 격한 감정을 드러내고 가시 돋친 말도 쓰지만, 정치 지도자로서의 품위가 손상될 언행은 삼간다. 여당 지도자들은 다르다. 그들은 정치 지도자들이 도저히 쓸 수 없는 야비한 말씨로 비난을 주고받는다. 말씨만 보면, 그들이 대통령과 장관들로 함께 일했던 사이라고 상상하기 어렵다. 이념과 정치적 운명을 공유했던 처지에 따르는 최소한의 신의도 배려도 없다. 사회가 개인들 사이의 신의를 바탕으로 삼았으므로, 그들의 신의 없는 언행은 근본적 수준에서 부도덕하고 사회의 도덕적 풍토를 메마르게 한다.

2

여당 지도자들과 야당 지도자들의 이런 차이는 어디서 나오는가? 두 집단들의 가장 두드러진 차이가 이념이므로, 일단 그들의 이념적 차이가 언행에서의 차이를 낳았다고 상정할 수 있다. 이념이나 정책이 다른 사람들을 비난하는 데서 전체주의자들이 대체로 자유주의자들보다 훨씬 격렬하다는 사실은 이런 상정에 사실적 바탕을 마련해준다.

사회주의, 공산주의, 민족사회주의와 같은 이념들을 아우르는 전체주의는 추종자들의 언행을 늘 과격하게 만든다. 한반도에 공산주의가 들어온 뒤, 우리는 공산주의자들의 광기 어린 증오와 박해를 너무 많이 보았다. 온건한 사회주의자들이라도 무슨 이유로든지 갈라서면, 서로 불구대천지원수들이 된다.

왜 그런가? 먼저 떠오르는 생각은 애초에 심성이 거친 사람들이 전체주의에 끌린다는 가정이다. 그러나 이런 가정은 관찰에 의해 떠받쳐지지 않는다. 오히려 세상을 보다 정의롭게 만들려는 열정을 지닌 젊은이들이 흔히 전체주의에 끌린다. 따라서 전체주의가 사람들의 심성을 거칠게 만든다고 보는 편이 사실에 가까울 것이다. 실제로 전체주의 이념은 개인들을 부도덕하게 만드는 성향을 지녔다.

3

전체주의는 개인들이 자유롭고 도덕적이라는 것을 부정한다. 대신 전체주의 국가가 내리는 지시들을 따르는 것이 개인들의 도덕이라고 여긴다. 전체주의에 따르면, 선과 악은 객관적으로 정의되는 것이 아니라 국가에 이로운 것이 바로 선이고 해로운 것은 바로 악이다. 인성이나 전통적 도덕률에 따라 악하다고 여겨진 행위들도, 국가를 강력하게 만든다면, 바로 그 사실로 인해 선한 일들이 된다.

마키아벨리의 주장과 비교하면, 이 점이 잘 드러난다. 프랑스의 자유주의 사상가 쥘리앵 방다가 지적한 대로, 마키아벨리는 아무리 선한 목적에 쓰여도 악은 악으로 남는다는 사실을 인식했다. 군주는 흔히 악을 선택해야 하지만, 마키아벨리는 그럴 경우 서슴지 말고 악을 선택하라고 조언하지만, 그렇다고 악이 선으로 바뀌는 것은 아니다. 악은 여전히 악으로 남는다. 반면 전체주의자들은 전체의 목적에 이롭다면, 악은 바로 그 사실에 의해 선이 된다고 주장한다.

이처럼 전체주의 사회에서 개인들의 도덕은 자율적 기준을 잃고 국가의 목적과 목표에 종속된다. 자연히, 목적은 수단에 의해 정당화되어야 한다는 보편적 원칙이 사라진다. 목적은 모든 수단들을 정당화하며, 개인적 차원에서의 도덕과 부도덕은 전혀 문제가 되지 않는다.

현실적으로는 상황이 더욱 나쁘다. 국가의 구체적 목표들은 상황에 따라 바뀔 뿐 아니라, 국가 권력을 장악한 독재자의 처지와 계산에 따라 수시로 바뀐다. 전체주의 사회는 절차적 안정성procedural stability이 있을 수 없다. 그래서 "어제의 영웅이 오늘의 반역자가 되고 오늘의 충성스러운 행동이 내일의 전복적 활동"이 된다. 이런 상황에서 개인들의 도덕적 판단은 들어설 자리가 없다.

4

높은 이상을 내건 전체주의자들이 흔히 부도덕한 까닭이 바로 거기 있다. 자신이 가장 높은 목적을 위해 일하니, 그 수단

176

들인 자신의 행위들도 모두 정당화된다는 생각이 차츰 자리잡
는 것이다. 김대중 대통령과 그의 추종자들이 국민들을 속이고
법을 어기면서 북한에 뇌물을 준 일을 잘한 일이라고 줄곧 우겨
온 것은 그런 사정을 고려해야 설명이 된다.

　대통령 측근들의 비리는 현 정권에서 가장 심했다. 노 대통
령의 측근들 가운데 많은 이들이 부패 때문에 감옥에 갔거나 추
문으로 물러났다. 그러나 그들은 자신들의 잘못을 전혀 부끄러
워하지 않는다. 그런 뻔뻔스러움도 전체주의적 도덕이 고려되
어야 풀리는 의문이다.

쓰러지기를 거부하는 고목

1

현대는 '명성의 시대'다. 모두 유명인들을 찾고 명성을 탐낸다. 이제 명성이 사람의 가치를 재는 궁극적 기준이 되었고, '신분의 귀족'이 '명성의 귀족'에 의해 대체되었다는 얘기까지 나온다.

명성이 그렇게 중요해지다 보니, 그것을 어떻게 얻었느냐 하는 점은 거의 문제가 되지 않는다. 그저 명성이 있으면 된다. 명성과 악명 사이의 경계도 흐릿해졌다. "당신 자신의 부고를 빼놓고는 나쁜 선전이라는 것은 없다"[19]라는 아일랜드 작가 브렌던 비언Brendan Behan의 말에 이의를 제기할 사람은 이제 드물다.

2

불행하게도, 누구나 명성을 누릴 수는 없다. 명성은, 실은 악명까지도, 위치재positional goods다. 한 지역에서 지하철역이 있는 곳이 요지로 떠오르듯, 서로 비슷한 재화들 가운데 좋은 위치를 차지해서 값이 많이 나가는 재화가 위치재다. 훈장이나 조직의 지도자 자리도 위치재다. 훈장을 받지 못한 사람들이 많아야, 비로소 훈장의 가치가 높아지고, 아래에 많은 사람들이 있는 자리가 탐나는 것도 같은 이치다. 그래서 명성은 필연적으로 소수만이 누린다.

한 사람의 명성은 사람들이 그를 알아보고 높이 평가함으로써 나온다. 그런 인식과 평가는 다른 사람들의 인식과 평가에 크게 의존하고 영향을 받는다. 그래서 명성이 나오는 데 참여하는 사람들은 일종의 망network을 이루고, '명성 시장'은 '망 시장network market'과 비슷한 성격을 지닌다.

이런 사정은 명성의 특질들을 잘 설명한다. 망 시장은 균형이 하나 또는 몇 개의 제품들로 기우는 성향을 지녔다. 이른바 '이긴 자가 모두 갖는winner-take-all' 시장이다. 어떤 분야든지 소수만이 압도적 명성을 누리고 그들보다 객관적으로 떨어지지 않는 사람들이 훨씬 작은 명성밖에 누리지 못하는 까닭도 바로 이런 망 경제의 '기우는tippy' 성향 때문이다.

3

아울러, 망 시장에서는 "역사가 중요하다history matters." 어떤 제품이 한번 자리를 잡으면, 여러 사람들이 그것을 쓴다는 사실 자체가 그 가치를 높이므로, 다른 제품이 들어서기 어렵다.

널리 알려진 예들로는, 말이 끌던 화차의 궤조 규격이 기차에도 오랫동안 그대로 쓰인 사실, 타자기 자판에서 'QWERTY' 체계가 줄곧 쓰여 온 사실, 컴퓨터의 운용체계에서 '마이크로소프트'의 'DOS'와 'Windows'가 압도적 우위를 누려온 사실, 그리고 영어가 지속적으로 우위를 보이는 사실 따위가 있다. 즉, 망 시장에서는 일찍 자리잡은 제품이 큰 이점을 누린다. 이런 '망 경제network economy'는 널리 쓰이는 제품을 다른 것으로 바꾸는 전환 비용을 아주 크게 해서, 사람들이 우세한 제품을 계속 쓰도록 하는 '잠김lock-in' 현상을 낳는다.

명성에도 망 경제가 작용해서, 유명인에 대한 잠김 현상이 나온다. "유명인은 그의 유명세 덕분에 알려진 사람이다"[16]라는 미국 역사학자 대니얼 부어스틴Daniel J. Boorstin의 말은 이점을 멋지게 표현했다.

4

자연히, 유명인이 물러나야, 새로운 유명인이 나온다. 이 점은 명성 시장에 가장 가까운 정치계에서 특히 두드러진다. 실제로 그것은 지금 집권 세력이 맞은 황량한 상황을 잘 설명한다. 야당인 한나라당은 당 자체의 지지도도 높을 뿐 아니라 주요 후보 두 사람이 전국적 명성과 지지를 누린다. 반면에, 집권 세력은 여러 갈래로 나뉘었고 아직 이렇다 할 대통령 후보도 없다.

이런 상태는 노무현 대통령이 집권 세력에게 향하는 조명을 혼자 받으면서 명성을 독점해온 데서 비롯됐다. 노 대통령은 집권 세력의 후보들이 기회를 얻도록 옆으로 물러나지 않았고, 고건 씨나 정운찬 씨처럼 기대를 받은 후보들을 오히려 막았다.

고목이 쓰러져야, 그 아래 있는 작은 나무들이 햇볕을 제대로 받아 자랄 수 있다. 실정으로 시민들의 증오와 경멸을 받고 임기가 얼마 남지 않은 대통령은 쓰러지기를 거부하는 고목이다. 그런 상황은 모두에게 불행하다. 당장 지지율 2퍼센트 안팎의 도토리 후보들이 키를 재는 집권 세력에게 불행하다. 집권 세력의 후보가 나와도, 이미 그가 명성과 지지를 얻을 시간이 없을 터이므로, 야당 후보에게 홈집을 내는 '네거티브 캠페인'을 고를 수밖에 없을 것이다.

정글과 자본주의

1

대통합민주신당의 정동영 후보가 우리 사회를 '정글 자본주의'로 규정했다. 법이 없고 경쟁은 극심하며 힘센 자들이 힘없는 자들을 마구 잡아먹는 상태라는 얘기다. 이렇게 살벌한 체제를 보다 편안한 체제로 바꾸겠다는 그의 약속은 적잖은 호소력을 지녔다. 그의 공약들 가운데 가장 두드러진 것이므로, 이 약속은 진지한 검토를 받을 만하다.

흔히 밀림(密林)으로 번역되는 정글은 '우림rain forest'을 뜻한다. 비가 많이 오는 열대 저지대에 이루어진 풍요로운 상록 숲이다(아열대나 온대의 숲들을 우림에 포함하는 경우도 있지만, 역시 열대 숲이 우림의 핵심적 부분이다).

우림은 육지의 생태계에서 가장 크고 풍요로운 체계다. 온대나 한대의 생태적 체계들보다 훨씬 많은 생물적 질량과 종(種)의 다양성을 누린다. 지표에서 30미터 이상 치솟은 촘촘한 나무들의 덮개는 생태계의 장관들 가운데 하나다. 이렇게 우람한 나무들은 수많은 기생 식물들의 터전이 되고, 그 식물들은 수많은 동물들을 지탱한다.

열대 우림이 큰 규모와 다양성을 지녔으므로, 지금 온대와 한대에 사는 종들은 거의 다 열대에서 이주한 것들이다. 인간도 그렇다. 인간은 동아프리카의 열대에서 나타난 뒤에 다른 대륙들로 퍼졌다.

우림처럼 크고 다양성을 지닌 체계는 질서를 지녀야 존재할 수 있다. 그런 질서는 구성원들이 긴밀하게 협력할 때 비로소 나온다. 실제로 우림을 이루는 많은 종들은 협력하면서 살아간다. 공생이 널리 이루어지고 여러 종들을 포함하는 다단계 협력인 '초순환hyper-cycle'도 다양하게 나온다. 협력을 통한 질서가 나오지 않는다면, 우림과 같은 체계는 존재할 수 없다.

이처럼 통념과는 달리, 정글이라 불리는 우림은 많은 종들과 개체들로 이루어졌지만, 질서를 지녔고 안정적이다. 즉 정글은 생물이 살기 좋은 곳이다.

정글의 반대는 극한적 조건들 때문에, 특히 비가 적어서, 생물이 살기 어려운 사막이다. 일반적으로 모래와 자갈이 그대로 드러난 곳을 사막이라 부르지만, 지구의 사막에서 가장 큰 부분은 실은 극지의 툰드라다. 사막의 생태계는 종과 개체들이 적어 아주 빈약하다.

2

정글에 대한 통념이 그른 것처럼, 자본주의에 대한 통념도 대체로 그르다. 자본주의는 개인들이 재산을 소유하는 제도다. 그래서 자본주의 사회에서는 사람들이 자유로운 거래를 통해서 이익을 추구한다. 정글이 다양한 종들과 수많은 개체들의 협력을 통해서 질서를 이루듯, 자본주의는 "보이지 않는 손"이라 불리는 시장의 가격기구를 통해서 질서를 이룬다. 정글에서 수많은 종들과 개체들이 협력하면서 풍요롭게 살아가듯, 자본주의에서는 많은 사람들이 협력하면서 분업의 이익을 누린다.

물론 정글과 자본주의에서는 경쟁이 치열하다. 그러나 삶이 본질적으로 선택의 과정을 포함하므로, 경쟁은 어느 생태계에서나 치열하다. 정글이나 자본주의 사회에서만 그러한 것이 아니다.

시장에서 가격기구를 통해 경쟁이 이루어지므로, 자본주의에서의 경쟁은 비인격적이고 대체로 간접적이다. 노동 시장에 노동을 내놓은 구직자도, 새로운 제품을 개발한 기업가도 자신의 경쟁자들이 누구인지 모른다.

반면에, 국가가 재산을 소유하고 중앙의 계획기구에서 경제 활동들을 통제하는 사회주의 사회에서는 개인들이 자유로운 거래를 할 수 없다. 재산의 핵심인 노동조차 국가가 관리한다. 이런 사정은 시민들의 경제 활동을 극심하게 제한하는 데다 경제 활동의 양과 다양성을 낮은 수준으로 떨어뜨린다. 게다가 정치적 경쟁이 극대화되어, 흔히 암살을 통해서 권력이 바뀌고 권력의 바뀜은 늘 대량 숙청을 부른다. 경제 주체들 사이의 자발적 협력도 물론 없다.

여기서 우리는 경쟁이 삶의 본질적 요소라는 사실을 새삼 깨닫게 된다. 경쟁이 없으면, 협력도 없다. 다른 개체들과 협력해서 효율을 높여야 경쟁에서 이겨 살아남기 때문에 애초에 협력이 나오는 것이다. 바로 '상호적 이타주의reciprocal altruism'다.

3

정 후보가 정글과 자본주의의 유사성을 지적한 것은 맞다. 다만 그는 정글과 자본주의의 본질을 거꾸로 보았다.

정글도 자본주의 사회도 살기 좋은 곳이다. 정글의 반대는 생물들이 살기 어려운 사막이고, 자본주의의 반대는 시민들이 가난하고 억압받는 사회주의다. 자신이 본의 아니게 자본주의를 칭찬하게 된 까닭을 성찰한다면, 정 후보는 자신의 공허한 구호를 알찬 정책으로 바꿀 수 있을 것이다.

좌파 지식인들의 책무

1

이명박 후보가 대통령 선거에서 크게 이겼다. 차점자인 정동영 후보보다 무려 530여 만 표를 더 얻었다. 이런 결과는 물론 두 차례 좌파 정권의 실정 때문이다. 특히 노무현 정권의 실정은 결정적이어서, 많은 시민들이 꼭 정권을 바꿔야 한다고 생각했다.

자연히, 여당은 마땅한 전략이 없었고 결국 '네거티브 캠페인'에 전념했다. 그래도 여당이 두드러진 정책을 내놓지 못했다는 사실은 패배를 키웠다. '네거티브 캠페인'은 상대의 인기를 떨어뜨리는 데는 효과가 크지만, 자신의 지지를 늘리는 데는 한계가 있다. 특히, 시민들 대다수가 정권 교체를 무엇보다도 중요하다고 여기는데, 정권이 바뀌지 않아도 된다는 논리를 정책들로 구현하지 못한 것은 치명적이었다. 아울러, 패배의 충격을 증폭시켰다. 뚜렷하고 일관된 정책들은 패배의 충격을 흡수하고 다음 선거의 동력을 제공한다.

2

이처럼 여당이 호소력 있는 정책들을 내놓지 못한 까닭은 그들에게 사회적 문제들을 진단하고 처방을 내릴 사회철학이 없었기 때문이다. 여당이 지닌 사회철학은 바로 김대중 정권과 노무현 정권의 그것이었다. 바로 그런 철학이 문제들을 낳았으므로, 올바른 진단과 처방이 나올 수 없었다. 노 대통령과 그의 추종자들이 여전히 자신들의 철학과 정책들이 옳다고 주장하는 것도 바로 그런 사정 때문이다.

이런 상황은 1990년대 초엽 동유럽에서 공산주의 체제가 무너졌을 때와 비슷하다. 공산주의 이론으로는 공산주의가 낳은 문제들에 대한 진단과 처방을 내릴 수 없었다. 그래서 러시아를 비롯한 공산주의 사회들에서는 자유주의와 주류 경제학을 따르는 지식인들이 그 일을 맡았다. 그들과 우리의 차이는, 그들은 이질적이고 낯선 이념과 체제를 받아들였지만 우리는 원래 우리 사회를 이룬 원리들로 돌아간다는 사실이다. 물론 우리의 경우는 그만큼 쉽다.

3

지금 필요한 것은 오직 좌파 지식인들의 지적 정직이다. 이제 사회주의는 좋지 못한 이념임이 명백히 드러났다. 권력과 정보의 집중은 압제와 부패를 낳고, 사회적 소유는 비능률과 의욕 상실을 부르며, 중앙에서 짠 계획은 거칠면서도 경직되어 경제 활동을 극도로 제약하고 혁신을 원천적으로 불가능하게 만든다. 이 점은 너무 많은 사례들에 의해 증명되어서 이론의 여지가 없다. 의도가 아무리 고귀하고 청사진이 아무리 아름다워도, 사람의 천성에 대한 그릇된 견해에 바탕을 둔 사회주의는 사람들을 괴롭히는 괴물임이 증명되었다.

그러나 당시 우리 사회의 좌파 지식인들 가운데 그 사실을 인정한 이들은 매우 드물었다. 대부분은 자신들의 사회주의 이념에 그대로 매달렸다. 사회주의가 현실에서의 검증을 통해 논파(論破)되었음을 인정하는 대신, 틀린 것은 '현실 사회주의'지 '이론 사회주의'가 아니라는 기묘한 논리를 폈다. 이론은 현실에서의 검증을 통해 정당화된다는 과학철학의 기본 명제를 거꾸로 세운 것이다.

궁극적으로, 그런 지적 부정직은 자유민주주의와 시장경제를 추구해서 경제 성장과 사회 발전을 이룬 우리 사회에 뒤늦게 사회주의를 실험하는 계기를 마련했다. 심지어 헨리 조지Henry

George의 철 지난 이론까지 이 땅에서 부활했다. 자유주의자들이 예측한 대로, 두 차례 좌파 정권에 의한 사회주의 실험은 비참한 실패로 끝났다.

4

자신들의 낡은 이념과 논파된 이론을 '진보'라는 말로 치장해 온 좌파 지식인들은 이제 지적으로 정직해져야 한다. 그때야 비로소 그들의 가치에 맞으면서도 현실에 적용될 수 있는 사회철학을 찾을 것이다. 그리고 그런 철학 위에서 유럽의 사회민주당들이나 미국의 민주당과 같은 현대적 좌파 정당이 세워질 수 있을 것이다. 우리 사회의 구성 원리를 실질적으로 부정하는 민주노동당의 쇠퇴는 시사하는 바가 크다.

'산사태landslide'가 난 이번 선거에도 불구하고 좌파 지식인들이 자신들의 이념이 파산했다는 사실을 인정하지 않는다면, 그들은 좌파 정치인들을 흙더미 속에 그냥 놓아두는 것이다. 좌파 지식인들이 제공하는 현실적 좌파 이념 없이는, 좌파 정당들은 15대 및 16대 대통령 선거처럼 정치적 야합을 꾀하거나 16대 및 17대처럼 '네거티브 캠페인'을 추구할 수밖에 없다. 이것은 모두에게 불행한 일이다.

권력과 경제

1

지난 16대 선거에서의 정치 자금이 다시 뜨거운 논점으로 떠올랐다. 검찰이 공식적으로 밝힌 것만도 이회창 씨는 8백억 원이 넘고 노무현 대통령은 백억 원이 넘는다. 정치 자금의 성격을 감안하면, 실제로 오간 자금은 훨씬 더 많을 것이다. 한나라당은 이른바 노무현 대통령의 '당선축하금'도 거론했다.

그렇게 큰 정치 자금은 선거의 정당성과 정권의 도덕성을 크게 훼손했다. 그러나 현직 대통령이 관련된 일이라, 검찰의 수사는 어쩔 수 없이 많은 제약을 받았다. 따지고 보면, 당시 미진했던 수사가 이번에 이회창 씨가 다시 선거에 나오는 여지를 남겼다.

2

이 일을 제대로 살피려면, 우리는 먼저 그것을 권력과 경제 사이의 관계라는 맥락에 놓아야 한다. 권력의 본질은 사회의 구성원들을 물리적 힘으로 강제할 수 있는 능력이다. 그런 능력은 궁극적으로 군사력에 바탕을 둔다.

실제로 정부는 특정 지역에서 물리적 힘을 독점한 군사력을 바탕으로 형성되었다. 군사력을 장악한 세력은 경제 부문에 대한 보호를 제공했고, 그 대가로 경제 활동에서 나온 소득의 상당 부분을 가져갔다.

'보호 산업'은 자연적 독점이다. 여러 세력이 다투면, 효과적인 보호가 나올 수 없다. 그래서 정상적인 사회들에서는 하나의 정부가 권력을 독점한다.

이 점은 폭력 조직들의 치열한 구역 다툼에서 잘 드러난다. 사실 폭력 조직들에서 우리는 애초에 권력과 정부가 자라난 모습을 엿볼 수 있다. 그들은 관할 구역의 주민들과 상인들을 다른 폭력 조직들로부터 '보호'하고 '보호세'를 거둔다. 정부가 제대로 기능하지 못하는 곳에서는 폭력 조직들이 정부를 대신한다. 러시아에서 공산주의 체제가 무너진 뒤, '마피아'가 정부를 대신한 것은 전형적이다.

사회가 발전하면서, 권력과 경제 부문이 소득을 나누는 데

적정한 비율이 대체로 합의되었다. 아울러, 권력이 자기 몫을 가져가는 방식도 세금으로 고착되었다. 어느 사회에서나 무거운 세금이 근본적 논점인 까닭이 바로 거기 있다.

3

정치 자금은 권력이 경제로부터 합의된 세금에 덧붙여 가외로 빼앗아가는 몫이다. 적정한 수준을 넘는 수탈이므로, 그것은 필연적으로 사회에 여러 가지 해를 끼친다. 그것을 줄일 길을 찾지 않고서는, 우리는 사회가 맑아지기를 기대할 수 없다.

이상하게도, 이번 선거에서는 이 논점이 전혀 떠오르지 않았다. 가파르게 올라간 세금도 불법 정치 자금도 언급된 적이 드물다. 현 정권이 마구 거둔 세금을 헛되이 썼어도, 후보들의 비판은 거의 없었다.

어쩌다 언급되는 불법 정치 자금도 정치 자금을 빼앗긴 기업들을 비난하거나 고발하는 데 국한되었다. 불법으로 수탈한 권력 대신 피해를 입은 경제 부문에 책임을 묻는 식의 태도는 상황을 오히려 혼란스럽게 만들었다.

이번 대통령 선거는 '네거티브 캠페인'이 유난히 큰 자리를 차지했다. 이념이나 정책에 관한 논의는 거의 나오지 않았고, 이제 그런 물살을 돌리기는 쉽지 않을 것이다. 그래도 우리는 모든 선거의 핵심적 논점이 권력과 경제 부문 사이의 관계라는 점을 잊지 말아야 한다. 후보를 고를 때, 권력과 경제 부문 사이의 균형이 근년에 권력 쪽으로 크게 기울었다는 사실을 우리는 고려해야 한다.

신뢰를 가벼이 여기는 사회

1

요즈음 화제의 중심이 된 이회창, 김용철 그리고 김경준 제 씨는 이력에서 서로 많이 다르다. 그러나 그들에게는 뚜렷한 공통점이 있으니, 바로 신뢰를 저버린 사람들이라는 사실이다. 그들을 평가할 때, 그 점이 결정적으로 중요할 수밖에 없다. 인류 사회와 문명을 낳은 힘이 바로 신뢰이기 때문이다.

이회창 씨는 "결코 질 수 없는" 두 번의 대통령 선거에서 온전히 자신의 허물로 졌고 정치에서 은퇴하겠다고 시민들에게 약속했었다. 이번 선거에 출마함으로써, 그는 그 약속을 깨뜨렸다. 게다가 그는 자신이 속해 있던 정당을 나와서 그 정당이 공식적으로 뽑은 후보를 비난하고 있다. 신뢰가 얕은 정치계에서도 이처럼 우리의 정의감을 자극하는 배신은 드물다.

삼성그룹의 법무 책임자였던 김용철 씨는 삼성그룹의 '비리'를 폭로했다. 변호사가 의뢰인의 비밀을 스스로 폭로한 것이다. 그것은 더할 나위 없이 나쁜 배신이고, 우리 사회의 척박한 풍토를 아프게 드러내는 일이다.

변호사가 얻은 고객 정보는 국가도 공개를 요구할 수 없다는 특권privilege을 누린다. 의사가 얻은 환자 정보나 사제가 신도의 고해를 통해 얻은 정보도 비슷한 특권을 누리는데, 그런 특권들은 실은 변호사가 얻은 정보가 누리는 특권의 연장이다. 변호사와 의뢰인 사이의 신뢰는 그만큼 중요하다.

김경준 씨는 자신이 대주주이자 최고 경영자로 있었던 기업의 재산을 빼돌리고 도망쳤으며, 문서들을 여러 번 위조한 혐의를 받고 있다. 사기와 위조는 신뢰를 직접적으로 해치는 범죄들이다.

2

이처럼 신뢰를 깨뜨리는 행위들은 아주 나쁘다. 그것들은 우리 사회의 바탕을 흔든다. 이렇게 심중한 폐해에 비하면, 그들이 내세우는 명분들은 아주 약하다.

이회창 씨는 이명박 후보의 개인적 잘못들과 정책을 비난한다. 설령 그런 비난에 근거가 있다 하더라도, 자신의 행태는 그런 비난의 근거를 앗아간다. 그는 자신이 오랫동안 이끌었던 한나라당의 경선 과정 내내 침묵했고, 경선을 통해 공식 후보가 나오자 뒤늦게 탈당해서 출마했다. 여러 정황들은 그가 이미 오래전부터 출마할 기회와 구실을 찾았음을 보여준다.

김용철 씨는 공익을 위해 손해를 감수하는 '내부고발자'를 자처한다. 그러나 그런 자세는 너무 어설프다. 설령 그가 공개한 정보들이 모두 사실들이어서 의뢰인인 삼성그룹의 잘못들을 드러내는 것이라 하더라도, 그것은 변호사로서 결코 밝힐 수 없는 성격의 정보들이다.

앞에서 말한 것처럼, 변호사가 얻은 의뢰인에 관한 정보들은 공정한 법의 집행과 시민들의 권익을 위해서 국가가 설정한 특권을 누린다. 미국 변호사협회는 이 문제에 대해 "범죄를 저질렀다는 혐의를 받는 사람의 변호를 맡는 것은, 혐의를 받는 사람의 죄에 관한 자신의 개인적 의견과 관계없이, 변호사의 권리다"[17]라는 원칙을 제시했다. 이런 원칙의 논거는 "다른 면들에서는 선량한 사람들이, 그저 의심스러운 정황의 피해자들이, 적절한 변호를 받지 못할 수 있다"[18]라는 사정 때문이다. 아울러, 우리 '변호사법'은 변호사가 고객에 관한 정보를 공개할 수 없다고 명시했다.

따라서 김씨는 변호사의 권리와 의무를 동시에 저버린 셈이다. 보편적으로 인정된 원리와 실정법의 규정을 어기고 가장 신성한 종류의 신뢰를 깨뜨린 김씨의 행위는 어지간한 명분으로는 정당화되기 어렵다. 김씨가 이제까지 내놓은 명분만으로는 분명히 크게 모자란다. 부당한 방식으로 얻은 증거들을 법원이 인정하지 않는 것처럼, 의뢰인을 배신하고 의뢰인의 권리를 침해한 변호사들의 증언은 무시되어야 한다. 그래야 우리 사회가 제대로 움직일 터이다.

사기범에다 위조범인 김경준 씨의 경우는 명분조차 없다. 선거 직전에 돌아옴으로써, 재판이 자신에게 유리해지기를 기대한 것뿐이다. 사람들의 주목을 받으며 흘리던 뻔뻔스러운 웃음이 그의 됨됨이와 행실을 잘 보여주었다.

3

이들의 본질적 잘못은 신뢰를 저버린 것이다. 따라서 그들의 잘못을 제대로 파악하려면, 우리는 신뢰를 저버리는 것이 중대한 잘못인 까닭을 인식해야 한다.

우리는 모두 이기적이다. 실은 모든 생명체들이 그러하다. 이기적이므로, 우리는 경쟁한다. 그러나 경쟁만 하면, 큰 이익을 놓치게 된다. 협력하면, 더 큰 이익을 얻을 수 있기 때문이다. 삶은 본질적으로 비영합경기non-zero-sum game다. 그래서 모든 생명체들이 나름으로 협력하면서 살아간다. 공생과 분업은 협력의 대표적 형태들이다.

협력을 통해서 보다 큰 이익을 누린 개체들이 살아남으므로,
모든 생명체들은 협력적 특질을 지니도록 진화했다. 사람도 물
론 그렇다. 그래서 우리는 경쟁하면서도 협력한다. 큰 사회를
이루어 살므로, 사람은 특히 협력적이다. 우리는 '협력적 동
물'로 태어났다.

협력은 신뢰에 바탕을 둔다. 신뢰가 없으면, 애초에 협력이
이루어질 수 없다. 즉 신뢰는 사회의 가장 근본적 바탕이다. 경
제학자 케네스 애로Kenneth Arrow는 "거의 모든 상거래에는 신
뢰의 요소가 들어 있다"[19]라고 지적했다. 물론 신뢰는 경제 분야
만이 아니라 다른 모든 분야들에서도 근본적 중요성을 지닌다.

4

불행하게도, 협력에는 비용이 든다. 그래서 그런 비용을 들
이지 않고 다른 개체들의 협력에서 나온 이익을 함께 누리려는
이탈자들과 무임승차자들이 나온다.

이렇게 신뢰를 저버린 이탈자들과 무임승차자들을 막으려면,
비용이 든다. 경제학자들은 그것을 "거래 비용transaction costs"
이라 부른다. 거래 비용이 높은 사회는 당연히 비효율적이다.

프랜시스 후쿠야마Francis Fukuyama의 『신뢰: 사회적 덕성

들과 번영의 창출 *Trust: The Social Virtues and the Creation of Prosperity*』에는 신뢰를 잃은 사회가 치르는 비용이 선연히 묘사되어 있다. 후쿠야마가 든 실례들 가운데 특히 인상적인 것은 미국 국방성의 물자 구매다. 국방성의 경상적 구매에는 신뢰가 존재하지 않는다. 즉, 납품업자들은 모두 정부를 속이려 들고 정부 관리들은 그들과 결탁해서 부정을 저지르려 한다는 가정 아래 진행된다. 당연히, 증빙 서류가 엄청나게 많이 필요하고 그것들을 확인하는 데 돈과 시간이 든다. 그 결과는 참혹하다. 1980년대 국방성이 구입한 망치는 300달러나 했고 변기 좌대는 800달러나 했다. 신뢰가 없는 상황에서 나온 거래 비용이 물건 값의 몇십 곱절로 커진 것이다.

신뢰를 저버리는 사람들이 사회에 근본적 해악을 끼치는 까닭이 바로 거기 있다. 우리가 신뢰를 저버리는 행위에 대해 그리도 큰 분노를 느끼는 것은 바로 그런 사정 때문이다. 그런 분노가 정의감의 핵심이다.

5

이처럼 중요한 신뢰가 사회에 쌓이도록 해서 번영으로 가는 길은 간단하다. 신뢰를 저버린 사람들이 잘되는 경우가 드물도록 하는 것이다. 신뢰를 저버린 사람들이 오히려 잘살면, 신뢰가 쌓일 수 없는 것은 자명하다.

그러나 그런 처방을 실제로 따르기는 쉽지 않다. 이탈자들을 벌하고 무임승차자들을 꾸짖는 일에는 아주 큰 비용이 든다. 그래서 그런 징벌에 참여하는 사람들은 아주 적고 대부분 무임승차자들이 된다.

다행히, 이번 경우에는 신뢰를 저버린 사람들을 벌하는 일이 전혀 어렵지 않다. 그저 우리가 타고 태어난 정의감에 따라 판단하고, 그 판단을 여론이나 투표를 통해서 드러내면 된다.

가난으로 잃어버리는 삶

1

　요즈음 해외로 유출된 중국 예술작품들을 중국 사람들이 많이 사들인다. 얼마 전 홍콩의 경매에서는 1796년에 만들어진 청(淸) 건륭제(乾隆帝)의 옥새가 590만 달러에 팔렸다. 이 옥새를 산 중국 사람은 서양으로 유출된 중국 문화재들을 사들여 오는 데 큰 뜻을 두었다. 이 거래 직전에 있었던 프랑스의 경매에서는 이번 낙찰가의 4분의 1 수준에서 가격이 결정됐다니, "잃어버린 보물들"을 되찾으려는 그들의 열정을 짐작할 수 있다.

　이 작은 일은 언뜻 보기보다 큰 뜻을 지녔다. 건륭제의 옥새는 1900년 '의화단(義和團)의 난' 때 출정한 프랑스군의 지휘관이 청의 궁전에서 약탈해간 유물이다. 청 황제의 직위를 상징했던 옥새를 다시 되찾아옴으로써, 중국 사람들은 서양 강국들의 침입을 받아 수도 북경이 함락되고 문화재들을 약탈당했던 어두운 역사의 자취를 조금이나마 지운 셈이다.

이런 일을 가능하게 한 것은 물론 중국 경제의 경이적 성장이다. 그리고 중국의 발전은, 잘 알려진 대로, 1970년대 이래 적어도 경제 분야에서는 공산주의를 버리고 자본주의를 채택한 덕분이다. 특히 시장경제를 지향한 '개혁·개방정책'은 사회 발전의 튼튼한 바탕이 되었다.

원래 해외로 나간 중국 문화재들은 외국인들이 약탈해간 것들보다 중국 사람들이 도굴해서 팔아넘긴 것들이 훨씬 많다. 그런 도굴과 밀반출은 가난과 혼란이 극심했던 20세기 초엽에 특히 빈번했다.

2

여기서 우리는 가난의 해악을 선명하게 본다. 먹고살기 힘들만큼 가난한 사람들은 선조들의 문화유산들을 지킬 수 없다. 도굴해서 찾아낸 유물들을 외국 사람들에게 넘겨서라도 생존해야한다. 사회가 풍요로워지면, 누가 일깨워주지 않아도 문화유산들이 소중하다는 생각이 들고 그것들을 지키지 못한 부끄러움을 품게 된다. 마침내 그것들을 큰돈을 들여 되사들이는 사람들이 나온다.

문화재가 꼭 국내에 있어야 할 까닭은 없지만, 후손들로서는 유물들이 밖으로 나돌면 선조들에게 미안한 마음이 들게 된다. 문화재를 굳이 되찾겠다고 나서는 일을 평가하기에 앞서, 그런 마음이 드는 것은 사람답게 산다는 증거다.

이런 소식은 지금 북한의 많은 문화재들이 해외로 밀반출된 다는 사실을 떠올리게 한다. 북한 주민들이 워낙 가난하니, 도굴과 밀반출이 성행하는 것은 어쩔 수 없다. 중국과 북한의 대조적 모습이 우리 가슴을 아프게 한다.

중국과 북한은 비슷한 시기에 공산주의 체제가 들어섰다. 압제적 체제 속에서 주민들이 고통 받은 것도, 수많은 사람들이 정권에 의해 숙청되고 어리석은 정책으로 굶어죽은 것도, 비슷하다. 그러나 중국은 한 세대 전에 개혁·개방정책을 골랐다. 그 뒤로 중국은 빠르게 발전했고, 아직 공산당이 권력을 독점하지만, 시민들의 삶은 크게 나아졌다. 세계에서 가장 어둡고 가난하고 압제적인 북한에서는 몇백만 명이 굶어 죽었고, 현재에도 탈출하는 사람들이 줄을 잇는다.

3

북한과의 교섭에서 가장 중요한 논점, 핵무기를 빼놓으면,

주민들의 인권이다. 그러나 인권이란 말로는 북한 주민들이 잃은 것들을 제대로 담을 수 없다. 문화재를 도굴해서 연명하는 사람들의 삶과 해외로 나간 유산들을 되사들이는 사람들의 삶 사이에 있는 간극은 그 말에 담기지 않는다.

이번에 우리 정치 지도자들은 북한에서 돌아오자마자 그들의 유화정책과 관련하여 늘 앞세웠던 '개혁·개방'이란 말을 서둘러 지웠다. 북한의 정치 지도자가 싫어하기 때문이라고 한다. 아직 도굴자들의 수준에 묶여 있는 북한 주민들의 삶과 문화재들을 되사들이는 중국 사람들의 삶이 얼마나 다른지 그들은 보지 못하는 것이다.

사람답게 살지 못하는 북한 주민들을 외면하고서 외치는 평화와 통일은 얼마나 큰 뜻을 지닐 수 있을까? 어느 세월이면 북한에서도 해외로 나간 문화재들을 되사들이겠다는 사람들이 나올까?

효과적 자선

1

요즈음 세계적으로 부호들이 돈을 쓰는 일에 관심을 쏟고 있다. 현대 문명은 몇 세대 전만 해도 꿈꾸기 어려웠을 정도의 큰돈을 단숨에 벌 기회들을 많이 제공하고, 덕분에 억만장자들이 빠르게 늘어난다. 돈은 쓰기 위해서 번다. 그러나 개인적 욕망들을 충족하는 데는 그리 큰돈이 필요하지 않다. 그래서 큰돈을 번 부호들은 돈을 잘 써야 한다는 문제에 부딪친다.

물론 대부분의 부호들은 재산을 자식들에게 물려준다. 그러나 적잖은 부호들이 자선에 돈을 내놓는다. 재산을 자식들에게 물려주는 것은 어떤 뜻에서는 돈을 쓰는 것에 관한 결정을 다음 세대로 미루는 것이므로, 많은 부호들이 돈을 쓰는 문제에 대한 해답을 자선에서 찾는다고 할 수 있다.

그러나 자선은 간단한 일이 아니다. 자선은 종류도 많고 효과도 서로 다른 데다 기부한 돈이 제대로 쓰이는지 살피기도 어렵다. 그래서 사업을 하듯 자선을 철저히 관리하려는 움직임이 나온다. 가장 큰 자선재단을 만들어 직접 관리하는 빌 게이츠의 경우가 대표적이다.

2

경제가 빠르게 발전하면서, 우리 사회에도 부호들이 빠르게 늘어났다. 이제 우리도 돈을 잘 쓰는 일을 진지하게 논의해야 한다. 。

자선 사업을 고르는 데 좋은 기준은 사회적 영향이다. 그리고 사회적 영향이 가장 큰 사업은 이념의 전파를 위한 사업이다. 이념이 사람들의 판단과 행동을 궁극적으로 결정하는 힘이기 때문이다. 이 점은 영국의 이념적 역사가 잘 보여준다.

1883년 런던의 사회주의자들이 모여 '페이비언 학회Fabian Society'를 만들었다. '페이비언'은 기원전 3세기 제2차 포에니 전쟁에서 한니발이 이끄는 카르타고 군대에 지연작전을 펼쳐 승리한 로마 장군 '지연자' 파비우스Fabius Cunctator에서 그 어원이 나왔고, '점진적'이란 뜻을 지녔다. 말 그대로 '페이비언 학회'는 공산주의의 혁명적 방식 대신 점진적 방식으로 영국을 사회주의 국가로 만들려고 시도했다. 초기에 이 모임을 이끈 사람들은 극작가이자 논객이었던 조지 버나드 쇼George Bernard Shaw와 논객 시드니 웹Sidney Webb이었다. 운영 자금은 부유한 웹이 댔다.

첫 사회주의 '싱크탱크think tank'였던 이 모임은 국가기구를 장악해서 재산의 공동 소유와 같은 사회주의 목표들을 이루려 했다. 그리고 여러 방면들에서 다양한 활동들을 통해 영국에서 사회주의가 널리 퍼지는 데 결정적 역할을 했다. 교사들, 공무원들, 정치가들, 노동운동가들, 그리고 사회의 요직들에 있는 지식인들에게 사회주의 이념을 전파한다는 전략은 성공적이었다. 20세기 중엽 이 모임의 영향력은 절대적이었는데, 특히 1906년에 만들어진 영국 노동당의 빠른 득세에 큰 역할을 했다.

3

20세기 전반 영국에서 사회주의가 지배적 조류가 되면서, 정부의 시장에 대한 통제는 점점 강화되고 주요 산업들의 국유화가 진행되었다. 젊은 지식인 앤터니 피셔Antony Fisher는 이런 상황을 크게 걱정했다. 1945년 그는 당시 사회주의에 맞선 거의 유일한 지식인이자 오스트리아 출신 경제학자 프리드리히 하이에크를 찾아가 이 문제를 상의했다. 하이에크는 사회주의를 전파하는 데 결정적 역할을 한 '페이비언 학회'를 본받아 자유주의 싱크탱크를 만드는 것이 가장 좋은 방안이라고 조언했다. 그 뒤 양계업으로 큰돈을 번 피셔는 그 조언대로 1955년에 '경제문제연구소Institute of Economic Affairs, IEA'를 세웠다.

하이에크의 영향을 깊이 받은 랠프 해리스Ralph Harris와 아서 셸던Arthur Seldon이 이끈 IEA는 자유주의 경제학자들의 이론들을 널리 소개했다. 그들의 목표 청중target audience은 셸던이 "아이디어 중고품 상인들second-hand dealers in ideas"이라 부른 기자들, 교사들, 교수들, 기업가들, 그리고 금융 분석가들이었다. 그런 사람들은 정치가들이 활동하는 지적 환경을 만들므로, 그들의 생각을 자유주의적으로 만드는 것이 긴요하다는 생각에서였다. 주목할 점은 IEA가 정치적 맥락에서 자유롭고자 애썼다는 사실이다. 현실 정치에 참여하면, "득표, 거짓말 그리고 속임수vote-getting, lying and cheating"에서 자유로울 수 없다는 사정 때문이었다.

IEA의 활동은 처음에는 '황야의 외로운 목소리'에 불과했다. 케인즈의 영향이 절대적이었던 당시 영국에서 기업에 대한 정부 규제의 철폐, 공기업의 민영화, 감세(減稅), 노동조합의 개혁, 시장에 바탕을 둔 정책과 같은 주장들은 이단적이었다. 1960년대에 랠프 해리스가 강단에 올라서면, 청중들은 일어나서 나가기 바빴다.

그러나 영국 경제가 점점 어려워지자 우파 정치가들은 새로운 정책들을 모색하기 시작했고, 차츰 IEA의 주장들에 끌리게 되었다. 보수당의 이론가들인 제프리 하우Geoffrey Howe와 키스 조지프Keith Joseph가 그런 주장들을 깊이 받아들였다. 널리 알려진 대로, 마거릿 대처는 조지프로부터 많은 영향을 받았다. 뒤에 "유럽의 병자"로 불리던 영국을 되살린 '대처주의Thatcherism'는 그렇게 해서 다듬어졌다. IEA의 영향은 보수당에만 국한된 것이 아니었다. 마침내 노동당 정치가들도 자유시장의 중요성을 깨닫게 되어, 그것을 바탕으로 한 '블레어주의Blairism'가 나왔다.

4

피셔는 IEA의 운영에 간섭하지 않았다. 다만 자금만을 책임졌다. 그는 뒤에 '아틀라스 경제연구재단Atlas Economic Research Foundation'을 통해서 자유주의 싱크탱크들이 다른 나라들에 세워지는 것을 도왔다. 그의 도움을 받아 세워진 싱크탱크들은 무려 150개에 이른다. '프레이저 연구소Fraser Institute'와 '맨해튼 연구소Manhattan Institute'가 대표적이다. 이렇듯 자유주의의 전파와 번성에 피셔는 결정적 역할을 했다.

'페이비언 학회'와 IEA와 같은 싱크탱크들은 규모 면에서는 작았지만, 사회에 끼친 영향은 그렇게 컸다. 효과만을 따진다면, 웹과 피셔보다 더 효과적으로 자선에 돈을 쓴 사람은 찾기 어려울 것이다.

지금 우리 사회에는 IEA와 같은 싱크탱크가 없다. 비슷한 활동을 하는 기구들이 서넛 있지만, 활동의 영역에서 제한되었고 단기적 정책들에 주로 매달린다. 민주주의 사회는 꾸준히 사회주의 프로그램들을 채택하려는 경향이 있다. '가진 자'들은 어차피 소수이므로, 다수는 자신들의 정치적 힘을 이용해서 '가진 자'들로부터 자신들에게로 소득재분배를 이루려 하고, 그때 동원되는 수단이 바로 사회주의다. 자연히, 앞으로 IEA와 같은 싱크탱크의 중요성은 꾸준히 커질 것이다. 피셔와 같은 '개명된 양계업자'가 번 돈을 효과적으로 써서 불멸의 업적을 남길 기회가 거기 있다.

1) Direct action by working people is the only language this Government will listen to. They are not prepared to listen to logical argument. We must show we are no longer prepared to accept decisions in Westminster which destroy the right to work.

2) Not a drum was heard, nor a funeral note,/ As his corpse to the rampart we hurried:/ Not a soldier discharged his farewell shot/ O'er the grave where our hero we buried.

3) We carved not a line, and we raised not a stone—/ But we left him alone with his glory.

4) the total pattern of human behavior and its products embodied in thought, speech, action, and artifacts and dependent upon man's capacity for learning and transmitting knowledge to succeeding generations through the use of tools, language, and systems of abstract thought.

5) the body of customary beliefs, social forms, and material traits constituting a distinct complex of tradition of a racial, religious, or social group.

6) a complex of typical behavior or standardized social characteristics peculiar to a specific group, occupation or profession, sex, age grade, or social class.

7) "Every species produces vastly more offspring than can survive from generation

to generation. All the individuals of a population differ genetically from each other. They are exposed to the adversity of the environment, and almost all of them perish or fail to reproduce. Only a few of them, on the average two per set of parents, survive and reproduce. However, these survivors are not a random sample of the population; their survival was aided by the possession of certain attributes that favor survival." 에른스트 마이어 Ernst Mayr, 『진화란 무엇인가 *What Evolution Is*』에서 인용.

8) "Natural selection in its most general form means the differential survival of entities. Some entities live and others die but, in order for this selective death to have any impact on the world, an additional condition must be met. Each entity must exist in the form of lots of copies, and at least some of the entities must be potentially capable of surviving— in the form of copies— for a significant period of evolutionary time. Small genetic units have these properties; individuals, groups, and species do not. It was the great achievement of Gregor Mendel to show that hereditary units can be treated in practice as indivisible and independent particles. [……]

Another aspect of the particulateness of the gene is that it does not grow senile; it is no more likely to die when it is a million years old than when it is only a hundred. It leaps from body to body down the generations, manipulating body after body in its own way and for its own ends, abandoning a succession of mortal bodies before they sink in senility and death. [……]

In sexually reproducing species, the individual is too large and too temporary a genetic unit to qualify as a significant unit of natural selection. The group of individuals is an even larger unit. Genetically speaking, individuals and groups are like clouds in the sky or dust-storms in the desert. They are temporary aggregations or federations. They are not stable through evolutionary time. Populations may last a long while, but they are constantly blending with other populations and so losing their identity. They are also subject to evolutionary change from within. A population is not a discrete enough entity to be a unit of natural selection, not stable and unitary enough to be 'selected' in preference to another population.

An individual body seems discrete enough while it lasts, but alas, how long is that? Each individual is unique. You cannot get evolution by selecting between entities when there is only one copy of each entity! Sexual reproduction is not replication." 리처드 도킨스Richard Dawkins, 『이기적 유전자 *The Selfish Gene*』에서 인용.

9) "The phenotypic effects of a gene are normally seen as all the effects that it has on the body in which it sits. This is the conventional definition. But we shall now see that the phenotypic effects of a gene need to be thought of as all the effects that it has on the world. [……] The phenotypic effects of a gene are the tools by which it levers itself into the next generation. All that I am going to add is that the tools may reach outside the individual body wall. [……]

Nature teems with animals and plants that manipulate others of the same or of different species. In all cases in which natural selection has favoured genes for manipulation, it is legitimate to speak of those same genes as having [extended phenotypic] effects on the body of the manipulated organism. It doesn't matter in which body a gene physically sits. The target of its manipulationmay be the same body or a different one. Natural selection favours those genes that manipulate the world to ensure their own propagation. This leads to what I have called the Central Theorem of the Extended Phenotype: An animal's behaviour tends to maximize the survival of the genes 'for' that behaviour, whether or not those genes happen to be in the body of the particular animal performing it. I was writing in the context of animal behaviour, but the theorem could apply, of course, to colour, size, shape—to anything." 리처드 도킨스, 같은 책에서 재인용.

10) "I think that a new kind of replicator has recently emerged on this very planet. It is staring us in the face. It is still in its infancy, still drifting clumsily about in its primeval soup, but already it is achieving evolutionary change at a rate that leaves the old gene panting far behind.

The new soup is the soup of human culture. We need a name for the new replicator, a noun that conveys the idea of a unit of cultural transmission, or a unit of imitation. 'Mimeme' comes from a suitable Greek root, but I want a monosyllable that sounds a bit like 'gene.' I hope my classicist friends will forgive me if I abbreviate mimeme to meme. [……] It should be pronounced to rhyme with 'cream.' Examples of memes are tunes, ideas, catch-phrases, clothes fashions, ways of making pots or of building arches. Just as genes propagate themselves in the gene pool by leaping from body to body via sperms or eggs, so memes propagate themselves in the meme pool by leaping from brain to brain via a process which, in the broad sense, can be called imitation." 리처드 도킨스, 같은 책에서 재인용.

11) "In essence, the conception of [gene-culture coevolution] observes, first, that to genetic evolution the human lineage has added the parallel track of cultural evolution, and, second, that the two forms of evolution are linked. [……]

Culture is created by the communal mind, and each mind in turn is the product of the genetically structured human brain. Genes and culture are therefore inseverably linked. But the linkage is flexible, to a degree still mostly unmeasured. The linkage is also tortuous: Genes prescribe epigenetic rules, which are the neural pathways and regularities in cognitive development by which the individual mind assembles itself. The mind grows from birth to death by absorbing part of the existing culture available to it, with selections guided through epigenetic rules inherited by the individual brain. [……]

Certain cultural norms also surviveand reproduce better than competing norms, causing culture to evolve in a track parallel to and usually much faster than genetic evolution. The quicker the pace of cultural evolution, the looser the connection between genes and culture, although the connection is never completely broken. Culture allows a rapid adjustment to changes in the environment through finely tuned adaptations invented and transmitted without correspondingly precise genetic prescription. In this respect human beings differ fundamentally from all other animal species." 에드워드 윌슨Edward O. Wilson, 『통섭: 지식의 대통합 Consilience: The Unity of Knowledge』에서 인용.

12) "The West's sustained economic growth began with the emergence of an economic sphere with a high degree of autonomy from the political and religious control. The change from the coherent, fully integrated feudal society of the late Middle Ages to the plural society of eighteenth-century

Europe implied a relaxation of political and ecclesiastical control of all spheres of life, including not only the economy, but also science, art, literature, music, and education." 로젠버그Nathan Rosenberg, 버드젤L.E. Birdzell Jr., 『서양은 어떻게 부유해졌나How the West Grew Rich』에서 인용.

13) God made the country, and man made the town.

14) Intellectual hatred is the worst.

15) There's no such thing as bad publicity except your own obituary.

16) The celebrity is a person who is known for his well-knownness.

17) It is the right of the lawyer to undertake the defense of a person accused of crime, regardless of his personal opinion as to the guilt of the accused.

18) Otherwise innocent persons, victims only of suspicious circumstances, might be denied proper defense.

19) Virtually every commercial transaction has within itself an element of trust.

문지스펙트럼

제5영역 우리 시대의 지성

제6영역 지식의 초점